AF367990

Fútbol:
EL JUEGO DE POSICIÓN

Concepto y 101 tareas para su entrenamiento

Manuel Jesús Crespo García

Título: FÚTBOL: EL JUEGO DE POSICIÓN. CONCEPTO Y 101 TAREAS PARA SU ENTRENAMIENTO
Autor: MANUEL JESÚS CRESPO GARCÍA
Corrección del texto: MANUELA CASTILLO SOLER

Editorial: WANCEULEN EDITORIAL
Sello Editorial: WANCEULEN EDITORIAL DEPORTIVA

ISBN (Papel): 978-84-18486-09-8
ISBN (Ebook): 978-84-18486-13-5

DEPÓSITO LEGAL: SE 1399-2020

Impreso en España. 2020

WANCEULEN S.L.
C/ Cristo del Desamparo y Abandono, 56 - 41006 Sevilla
Dirección web: www.wanceuleneditorial.com y www.wanceulen.com
Email: info@wanceuleneditorial.com

ÍNDICE

INTRODUCCIÓN

En la iniciación al mundo del entrenamiento es muy usual intentar encontrar una receta o una fórmula que resuelva nuestras necesidades y que cubra las posibles lagunas que tengamos en nuestro conocimiento o en nuestra capacidad.

La complejidad y diversidad del juego hacen que haya que tener un conocimiento del mismo para su enseñanza y para su aprendizaje en algunos casos.

El fútbol está evolucionando y van apareciendo nuevos conceptos con diversidad de interpretaciones atendiendo a las distintas corrientes a las que seamos más afines. No obstante, creo que todo se puede adaptar y se le puede sacar rendimiento siempre que tenga una buena argumentación y no nos dejemos atraer por dogmas.

Este libro con tareas no pretende ser una respuesta matemática a las necesidades que pueda tener un entrenador para encontrar soluciones a los problemas que se le planteen. La intención es poder manejar recursos, adaptarlos a nuestra realidad de entrenamientos y que puedan introducirnos y orientarnos a conseguir en el entrenamiento los objetivos pretendidos.

He reducido el uso de material para simplificar y poder llegar a cualquier nivel de recursos y que puedan ser llevadas a cabo en cualquier realidad, sin necesidad de unos materiales que dificulten su realización.

Existen distintos tipos de tareas para la mejora del dominio colectivo de cualquier medio que queramos que nuestro equipo maneje durante el desarrollo de los partidos. Atendiendo a la metodología empleada, la duración, los espacios, el número de jugadores... pueden variar para satisfacer nuestro modelo de juego.

A continuación, desarrollaré distintas, tareas desde las más simples a las de mayor complejidad, para poder trabajar el concepto de la transición defensiva y que puedan formar parte de distintos modelos de juego ya que, atendiendo a las pretensiones de cada entrenador y a la metodología a emplear, cada uno debe introducirlas donde considere oportuno. Estas tareas carecen de un contexto y de una estrategia operativa, para los cuales necesitarán adaptación por parte del entrenador a todas las variables que crea que pueden tener incidencia en el desarrollo del juego de su equipo y a las características del mismo.

Todas las tareas propuestas carecerán de un contexto propio, del rival, la competición y la situación para el desarrollo de la estrategia operativa y el modelo de juego.

Castellano y Casamichana (2016) proponen este cuadro para la clasificación de las tareas según los metros cuadrados por jugador y de las demandas que serán exigidos los jugadores:

m² / jugador	1<2	3<4	5<7	8<10
<50	Fuerza		Recuperación	
<100	Fuerza		Recuperación	
<200	Frecuencia cardíaca		Velocidad	
>200	Frecuencia cardíaca		Velocidad	

En este libro se indicarán el número de jugadores y la división y distribución de los espacios. No obstante, para que la tarea se adapte a cada equipo, estado físico de los jugadores, modelo de juego y metodología, cada entrenador la deberá adaptar en cuanto a metros las distancias, los espacios e, incluso, en número de jugadores en algunos casos para tener un mejor desarrollo con su equipo.

Las tareas no tendrán límites de toques, contactos o golpeos para conseguir nuestro objetivo, ya que habrá jugadores que necesiten o decidan utilizar un número mayor por necesidades del juego, por condiciones técnicas o por condicionantes físicos de desarrollo. No obstante, al ser tareas abiertas, el entrenador podrá condicionarlas si lo cree necesario u oportuno para conseguir los beneficios pretendidos conociendo la realidad a la que las va a exponer.

EL JUEGO DE POSICIÓN EN FÚTBOL

Uno de los estilos o manera de entender el juego y una de las corrientes que más seguidores o "practicantes" tiene es la corriente del juego de posición.

Se considera a Guardiola su máximo exponente y a Johan Cruyff el "padre" de esta tendencia de estilo de juego. Martí Perarnau dice en su libro *Senda de campeones: "Al éxito siempre le salen miles de autores, pero de padre solo hay uno y, en este caso, es Johan Cruyff"*

La cuna de nacimiento o el punto en común que tienen los entrenadores que han aportado al desarrollo de este estilo es el Fútbol Club Barcelona, aunque hay otros entrenadores muy infravalorados en el mundo del fútbol como Juanma Lillo que no ha tenido contacto directo con el club, pero sí ha influido en entrenadores como Guardiola en su formación y aprendizaje y han aportado otra perspectiva al juego de posición.

Hay muchos entrenadores "subidos al carro" del juego de posición copiando tareas, repitiendo frases y generando un discurso que se difumina en el momento en que empieza a rodar el balón.

Para poder desarrollarlo dentro de un equipo es importante tener el mayor conocimiento posible del juego y de su desarrollo y poder aplicarlo con conciencia, atendiendo a las características de nuestros jugadores.

En el juego de posición los jugadores se ordenan con el balón y consiste en atraer al contrario, mediante el mantenimiento de la posesión del balón, para después encontrar jugadores más adelantados, liberando de la presión a las primeras líneas de jugadores e ir avanzando hacia la portería contraria, todo esto generando espacios libres, ocupándolos y llegando en situaciones de superioridad a zonas de finalización.

En el libro *Senda de Campeones* de Martí Perarnau, Xavi explica lo que para él son distintos conceptos importantes del juego de posición:

El tercer hombre es imposible de defender, imposible... Te explico lo que significa. Imagina a Piqué queriendo jugar conmigo, pero yo estoy marcado, tengo a un marcador encima, un tío muy pesado. Bien, pues está claro que Piqué no puede pasármela, es evidente, con lo que yo me aparto y me llevo al marcador conmigo. Entonces, Messi baja y pasa a ser el segundo hombre. Piqué es el 1º, Messi el 2º y yo el 3º. Yo tengo que estar muy al loro, eh.

Piqué, entonces juega con el 2º hombre, Messi, que se la devuelve, y en ese momento aparezco yo, dejo clavado a mi defensor, que se ha despistado, y Piqué me pasa la pelota totalmente desmarcado. Si el que me defiende está mirando el balón, no puede ver que me desmarco entonces aparezco y soy el tercer hombre. Ya hemos conseguido la superioridad. Esto es indefendible, es la escuela holandesa, es Cruyff. Es una evolución de los triángulos holandeses.

(Ante esta explicación, se entiende como tercer hombre a la acción en la que un jugador adelantado hace un desmarque de apoyo al compañero para poner de cara a la portería contraria a otro compañero que se encontraba marcado y no podía recibir el balón en condiciones favorables del poseedor. En la explicación de Xavi: A juega con B y B juega con A, C aparece desmarcado y recibe de A. En este ejemplo de hombre libre Piqué interviene 2 veces).

Xavi mueve los dedos con la misma agilidad que emplea en el campo para girar sobre sí mismo como una peonza y encara el hombre libre; «El hombre libre significa que siempre puedes buscar la superioridad, por más que el fútbol sea un deporte de 11 contra 11. Hay días que buscamos esa superioridad a partir de Víctor Valdés y eso aún tiene más mérito. A veces, los rivales nos aprietan tan arriba, y de manera tan intensa, que hacemos el 3 contra 2 incluso dentro del área con Valdés, Piqué, Busi o yo. Y, a partir de ese punto, ya puedes atacar con superioridad.

Buscar el hombre libre es, por ejemplo, que los centrales tengan el balón y uno de ellos siempre quede libre porque siempre tienes un defensa más que delanteros contrarios. En ese caso, Puyol sube, sube y sube hasta que le sale al paso un rival. Si quien le intenta frenar es mi marcador, entonces el hombre libre paso a ser yo. Si le sale al paso le marcador de Iniesta, Andrés es el hombre libre. Y así buscamos la superioridad en cualquier zona del campo. Haces un tres contra dos, lo ganas y ya tienes el hombre libre. Avanzamos posiciones.

(En este párrafo se deja claro el juego de posición de atraer para avanzar).

Hablamos del toco y me quedo; un concepto que rompe todas las normas tradicionales. En cualquier equipo y en todas las escuelas, los entrenadores enseñan a los niños una idea básica: toco y me voy; pero en el Barça también enseñan su opuesto: toco y me quedo; Xavi explica el por qué: «Mira, hoy en día el fútbol es movimiento constante porque todo el mundo está muy bien físicamente y hay una intensidad muy alta. Si yo paso el balón y me quedo parado y tú me marcas, entonces no hay salida. Por eso se dice siempre lo de toca y sal; pues no, a veces es toca y sal; pero a veces, no. En ocasiones, haces ver que tiras una pared y, en ese caso, es toco y me quedo; depende del contrario. Por esta razón, cualquier jugador que viene a Can Barça tarda un mínimo de cuatro meses en adaptarse. Porque a veces es una cosa, pero a veces es la contraria, je je.

(Aquí nos habla de jugar desde el puesto y no en el puesto, para crear superioridades, atraer, fijar…).

Hay autores que consideran el hombre libre como la consecución de un proceso que consigue que se llegue a esa situación. Decir que el hombre libre es un jugador sin oposición cercana parece estar carente de un proceso del juego colectivo y es más producto de estar desmarcado (carece de voluntad para conseguirlo), que de haberse desmarcado (con voluntad y consciencia de haberlo hecho). "Por eso *es fundamental encontrar al jugador libre en situaciones en las que sea capaz de crear desequilibrios"* (Soriano, E. 2014).

Los movimientos o acciones que desarrolla un equipo para poder encontrar al hombre libre requieren de un entorno facilitador:

- Ofrecer distintas alturas de pase o soluciones al compañero poseedor del balón.

- Mantener fijaciones horizontales y verticales que provoquen espacios interiores. Mantener amplitud para generar ventajas a los jugadores por dentro y "ser largos" en ataque para crear espacios entre las líneas rivales.

- Generar superioridades detrás de la primera línea de presión para recibir y avanzar.

- Producir apoyos o arrastres de compañeros sin balón para crear, ocupar y aprovechar espacios vacíos.

- Alternar juego largo con juego corto para provocar desajustes en el rival.

- Conseguir una movilidad del balón constante. Los equipos se ordenan defensivamente atendiendo al balón. Si el balón está en constante movimiento el rival tendrá que ir cambiando con respecto a él. Si se para será más fácil para ellos generar estructuras defensivas sólidas.

Encontrar al jugador libre es el objetivo del desarrollo del juego de posición para progresar en el juego. Existen diversos medios para llegar a encontrar al jugador libre para el juego de posición:

- **El tercer hombre.** Encontrar un jugador libre para poder jugar con un compañero que está marcado o con el que no hay línea de pase.

- **Conducir para atraer.** Llevar el balón hacia un contrario que está con un compañero, para captar su atención y poder liberarlo de la marca.

- **Pasar para atraer.** Pasar el balón con un compañero para inducir a que el rival abandone su posición y libere a un compañero.

- **Atraer para pasar.** Provocar que el rival venga deteniéndome para que libere a un compañero.

- **Dividir rivales.** Crear incertidumbre en los rivales para generar descompensaciones en los marcajes ocupando pasillos interiores.

- **Ocupar posiciones intermedias**. Jugar entre líneas y escalonados para que se desequilibren las defensas rivales.

- **Superioridades numéricas.** Provocar situaciones momentáneas de superioridad numérica para liberar jugadores de marca.

- **Fijar contrarios.** Llamar la atención por posición o por actitudes de uno o varios contrarios de manera que tengan que centrar su interés y actuaciones y no puedan atender a las evoluciones de los compañeros.

– **Jugar desde el puesto.** Utilizar las asimetrías de los sistemas para desequilibrar al rival en defensa liberando jugadores para recibir.

El balón tiene un nivel de seducción que no está al alcance de ningún otro. El balón es el centro del juego. A pesar de que muchos creamos que el jugador es la parte más importante del juego, el jugador es la parte más importante del entrenamiento, el balón le sobrepasa atrayendo las miradas de todos los participantes, condicionando todas sus decisiones y movimientos e incluso es un canal de comunicación y un "transportador de emociones".

Daniel Fernández (*The Tactical Room*, 2012) escribe que, desde un punto de vista estructural, el juego de posición permite una serie de registros que facilitan la aparición de hombres libres y las importantísimas superioridades. Algunas de estas características son:

- **En el inicio del juego, los centrales están muy separados** entre sí.

- Una variante a la salida de balón que vemos habitualmente con el FC Barcelona, donde los dos centrales se separan mucho entre sí, provocando con el pase y la conducción que el punta rival se decante hasta poder superarlo, la encontramos en lo que se ha llamado **Salida Lavolpiana**, donde un mediocentro se incrusta entre los dos centrales, sobre todo, en casos en los que el rival presiona con dos puntas

- **Los laterales estiran a medio campo** vigilando no montarse, pero sí superar en posición a los interiores rivales para que el pase de un compañero permita eliminar rivales. El mediocentro que viene a ayudar en la salida se mueve lateralmente al central que tiene la pelota

- **Los interiores**, llamados "hombres entre líneas", dominan los registros del juego de posición, se separan de su oponente, atacan las espaldas del rival que los marca y jamás van a quitar la pelota a sus compañeros, conscientes de que eso atrae rivales

- **Los laterales y extremos están siempre muy abiertos**, conscientes de que eso permite la aparición de pasillos interiores, pases por dentro que son fundamentales en el juego de posición ya que facilitan la aparición de hombres libres y superioridades a la espalda

- **El balón no se mueve por mover**, sino que la circulación de lado a lado se hace para mover al rival, para juntar jugadores rivales

- **Nadie da pases por dar.** Los pases tienen un sentido: eliminar rivales. Si no es posible, los jugadores se quedan el balón o lo conducen buscando que salten rivales.

Para mi forma de entender el juego en general, no solo cuando se opta por el juego de posición como estilo, estas características son propias del juego de posición en un modelo de juego desarrollado por el F.C. Barcelona con unos jugadores determinados, pero se puede desarrollar con otras características que de igual modo lo favorezcan, consigan superioridades y se pueda identificar el juego de posición en un equipo. Puede ser una estrategia para atraer a los rivales juntar a los centrales para después pasar el balón a un espacio creado y aprovechado por los compañeros, por ejemplo.

Hay una serie de ventajas en el entorno del juego que favorecen el desarrollo de este estilo y su entrenamiento. Son las siguientes:

- Las estructuras de ataque tienen que estar bien definidas. Es necesario manejar dentro del esquema de juego diferentes alturas para que los jugadores puedan partir de ellas para poder ocupar los espacios.

- Los triángulos y los cuadrados ayudarán como "puestos de partida".

- Manejar la amplitud y la profundidad durante el juego.

- Jugar entre líneas rivales.

- Buscar progresar en el juego. Así se consigue romper o traspasar líneas rivales con los pases para provocar que los jugadores rivales no se perfilen bien en los marcajes y el balón provoque sus movimientos (errores).

- Movilidad constante del balón. Si el balón se para propicia la interpretación del juego del rival, mientras que, si está en constante movimiento, la situación es cambiante y no tomará decisiones y las que tome serán provocadas

- El jugador adelantado que recibe debe manejar los tiempos: lentos para atraer, más de dos contactos con el balón; rápidos para sorprender y desordenar, uno o dos contactos con el balón.

- Interpretar y ocupar bien los espacios dejados o creados por la situación del balón.

- Las permutas, los desdoblamientos, los desmarques, los relevos y todos los medios que evolucionen en cambios de posición y movilidad ayudarán a que sea efectivo.

- Los indicadores deben ser conocidos por los jugadores para conseguir una "buena" toma de decisión, ya que harán que identifiquen la situación y la puedan resolver con solvencia.

Según Oscar Cano en *Modelo de Juego del F.C. Barcelona* todas las intenciones o medios que utilicen nuestros jugadores para el desarrollo del juego de posición deben ir encaminadas a provocar:

- La proximidad del máximo número de jugadores alrededor del balón en campo contrario

- Recuperar el balón inminentemente a su pérdida en los espacios donde nos encontramos unidos.

- Fraccionarle el juego al equipo rival mediante la no disociación del nuestro (fluidez del propio proceso de juego, limitarlo en el equipo rival).

El juego de posición se apropia de la presión tras pérdida como herramienta para ocuparla cuando pierde el balón como primera opción, condicionado por sus estructuras de ataque y por la característica indivisible del juego que la convierte en necesaria para el buen desarrollo del juego colectivo. Existe un orden a través del balón cuando se tiene en posesión que condicionará las actitudes ante la pérdida, aunque cada vez hay más entrenadores que no la llevan a cabo de manera colectiva con sus equipos por los inconvenientes que conllevan dan lugar cuando no es exitosa.

"La forma en la que gestionas el balón indica cómo puedes intervenir colectivamente cuando no dispones de él" (Conde, M. 2010).

Muchos autores hablan del "acoso" como un medio o principio a utilizar para llevar a cabo una buena presión tras pérdida y condicionar al contrario o robar el balón y otros hablan de que no hay que presionar al rival, hay que hacer que "se sienta presionado".

En definitiva, el juego de posición no es una idea de juego que se lleve a cabo sólo con balón, es una idea que le da prioridad al balón y todos sus principios giran en torno a él y a someter al rival con el balón.

A continuación, he seleccionado una serie de tareas en las que se indicará un objetivo principal para desarrollar la idea del juego de posición. No obstante, tendrán otros objetivos secundarios o de igual calibre atendiendo a dónde quiera poner el foco el entrenador o la consideración que pueda tener de cada uno.

Los estímulos e indicadores para poner en marcha los distintos conceptos atribuidos al juego de posición serán estímulos e indicadores propios del juego para identificarlos en cada momento. Realizar un pase, conducir o cambiar de zona después de un estímulo auditivo (voz del entrenador, silbato...) o cualquier otro que no tenga nada que ver con lo que pueda pasar en un partido (mostrar un color, aviso del entrenador o de un compañero,...) nos ayudarán a realizar las tareas, pero no a utilizar con la destreza específica el medio o principio correspondiente y a desarrollar el aprendizaje en el jugador; con lo cual, los estímulos, indicadores o recursos utilizados tendrán transferencia al juego y podrán ser adaptados por el entrenador atendiendo a la realidad a la que los vaya a exponer.

SIMBOLOGÍA

Jugadores Equipo A	
Jugadores Equipo B	
Jugadores Equipo C	
Desplazamiento sin balón	
Control orientado	
Desplazamiento del balón	
Conducción del balón	
Desplazamiento del balón por alto	
Tiro a puerta	
Balón	

EL JUEGO DE POSICIÓN EN FÚTBOL

101

TAREAS PARA SU ENTRENAMIENTO

Tarea N° 1	Objetivo Principal	Mejora de la posesión defensiva
	Jugadores	5 (1+2x2)

Explicación

Los jugadores situados como en la imagen se pasarán el balón entre ellos, en el centro los jugadores irán a presionar pero sólo pueden hacerlo a una de las zonas. El jugador con balón cuando atraiga al rival pasarán al otro cuadrado el balón para que no puedan recuperar. Uno de los jugadores podrá cambiar de zona para mantener el balón y que el contrario no pueda recuperar.

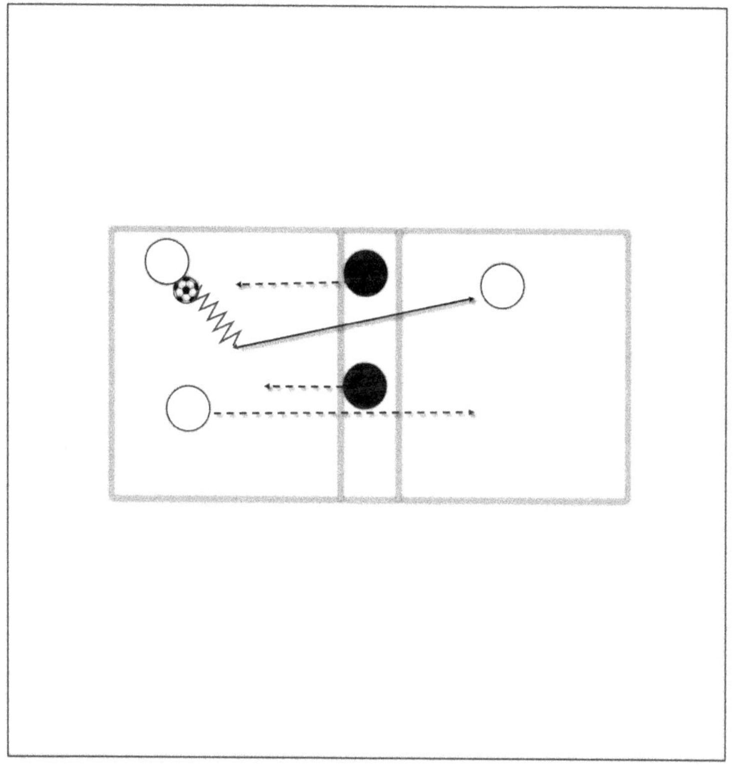

Tarea N° 2	Objetivo Principal	Mejora de la posesión defensiva
	Jugadores	12 (8x4)

Explicación

-22-

Los equipos situados como en la imagen. El equipo negro tiene el balón y cuando sean igualdad numérica dentro de su cuadrado jugarán con los compañeros de otro cuadrado para seguir manteniendo el balón, alejarlo del rival y que no pueda recuperar.

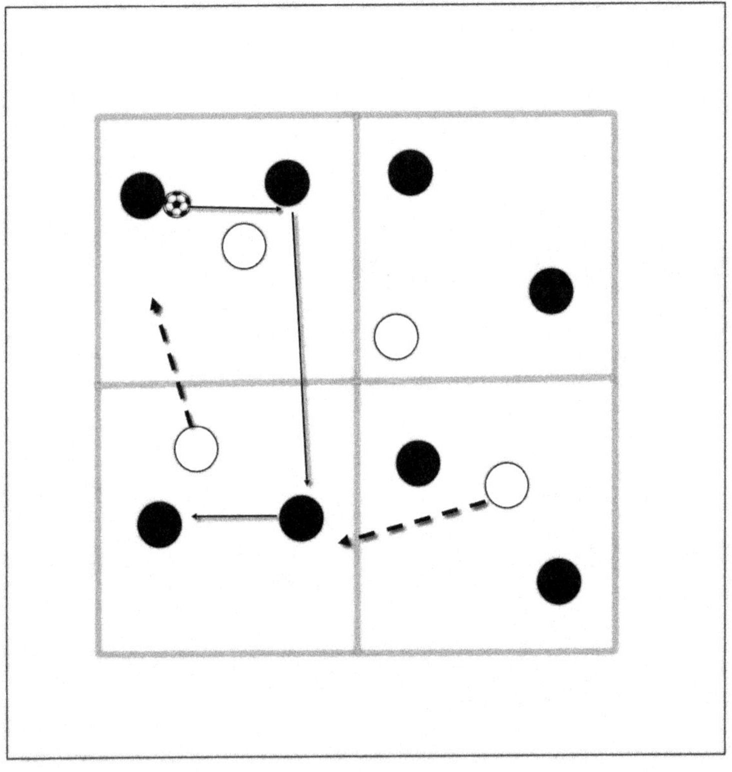

Tarea N° 3	Objetivo Principal	Mejora de la posesión defensiva
	Jugadores	9 (4x4+C)

Explicación

El equipo poseedor del balón intentará mantener la posesión de balón y que el otro equipo no recupere alejando el balón de la zona en la que esté el rival. El comodín buscará una posición alejada para cambiar la zona de juego.

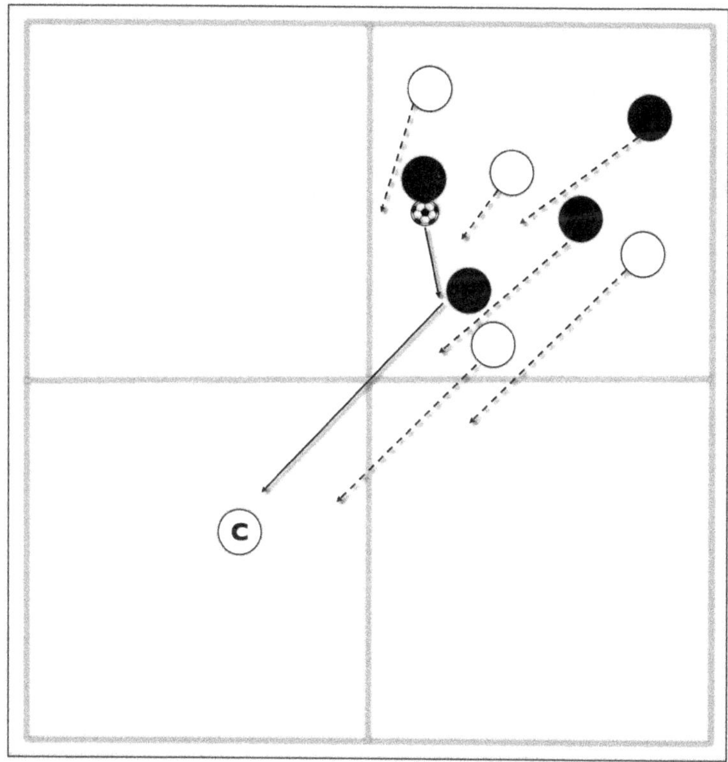

Tarea N° 4	Objetivo Principal	Mejora de la posesión defensiva
	Jugadores	9 (4x4+C)

Explicación

Los equipos situados como en la imagen. El equipo negro tiene el balón cada uno en su zona junto con el comodín y el equipo blanco podrá presionar libremente para recuperar. Si recupera, cambiarán los roles y el comodín pasará a jugar con el equipo blanco. El equipo poseedor buscará las zonas libres de rivales para que no pueda recuperar el rival.

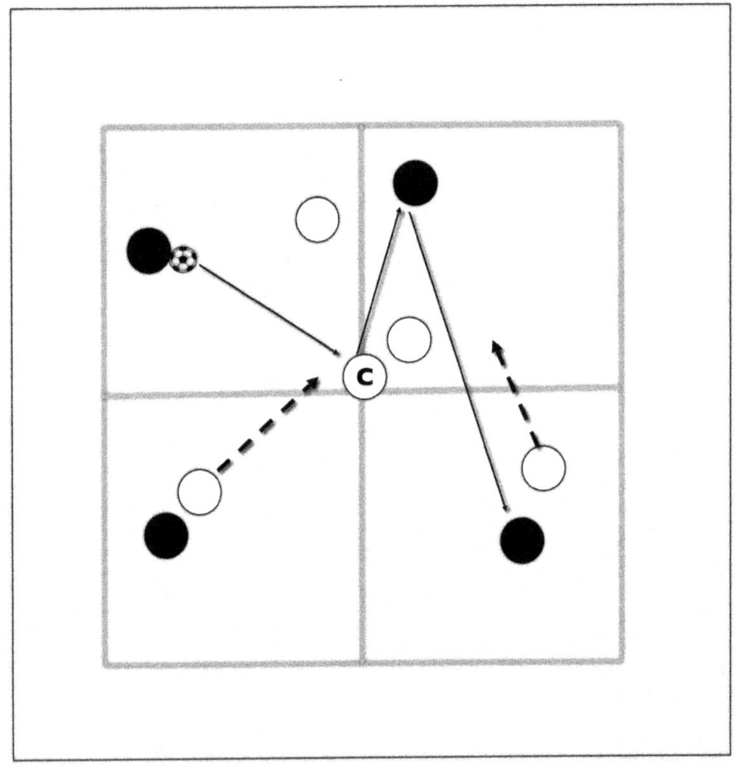

Tarea N° 5	Objetivo Principal	Mejora de la posesión defensiva
	Jugadores	11 (4x4+3C)

Explicación

En un rectángulo dividido en dos cuadrados. Los comodines sobre las líneas jugarán con el equipo poseedor del balón. Los equipos cuando tengan el balón intentarán mover al equipo rival de una zona a otra para alejarle el balón y que no pueda recuperarlo. Los jugadores tendrán libertad de movimientos y si un equipo recupera el balón cambiarán los roles y los comodines jugarán con el poseedor.

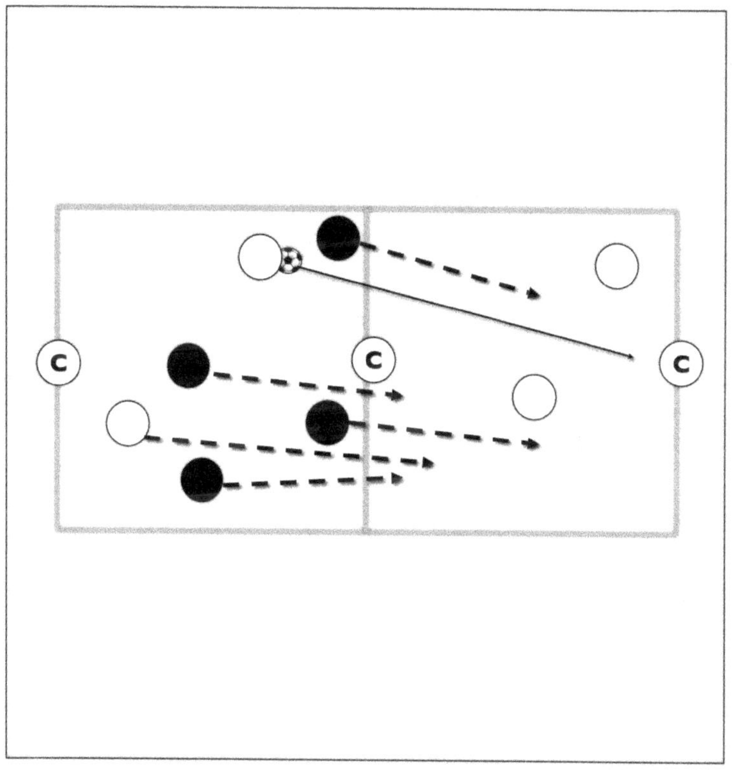

Tarea N° 6	Objetivo Principal	Mejora de la posesión defensiva
	Jugadores	14 (6x6+4C)

Explicación

En un rectángulo dividido en tres campos iguales, los equipos se colocarán en la disposición de la imagen. El equipo blanco intentará tener el balón y alejarlo de los rivales apoyado por los comodines y el equipo negro intentará recuperar el balón pudiendo moverse libremente por los espacios. Si recupera el balón cambiaran los roles.

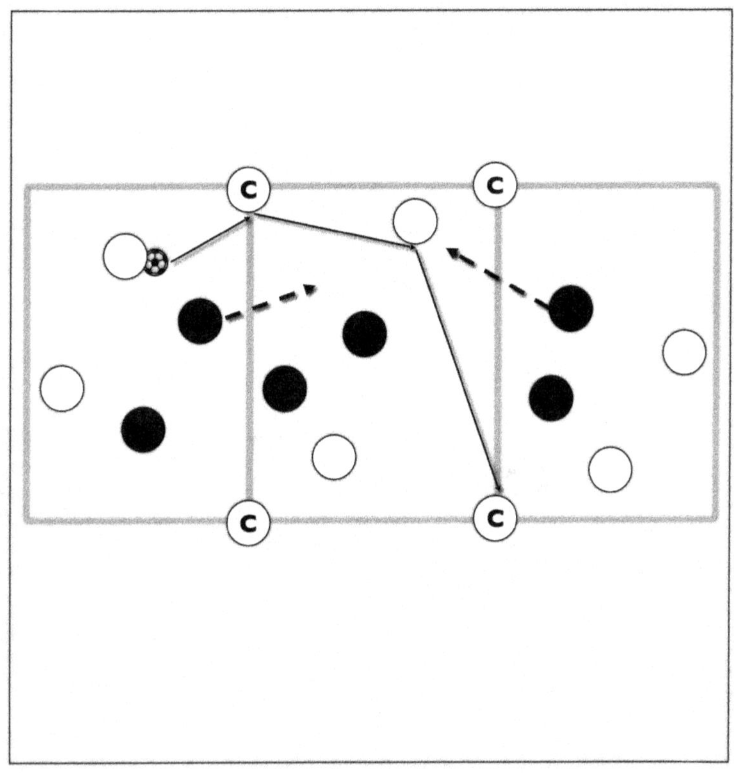

Tarea N° 7	Objetivo Principal	Mejora de la posesión defensiva
	Jugadores	18

Explicación

En un rectángulo dividido en 8 partes iguales distribuidos los jugadores como en la imagen (uno de cada equipo en cada cuadrado) y los comodines sobre las líneas. Cada equipo tendrá que mantener la posesión de balón apoyándose en los comodines que tendrán libertad de movimientos sobre las lineas. El equipo que quiere recuperar también podrán abandonar su zona los jugadores y el equipo poseedor llevará a las zonas donde menos influencia tenga el rival.

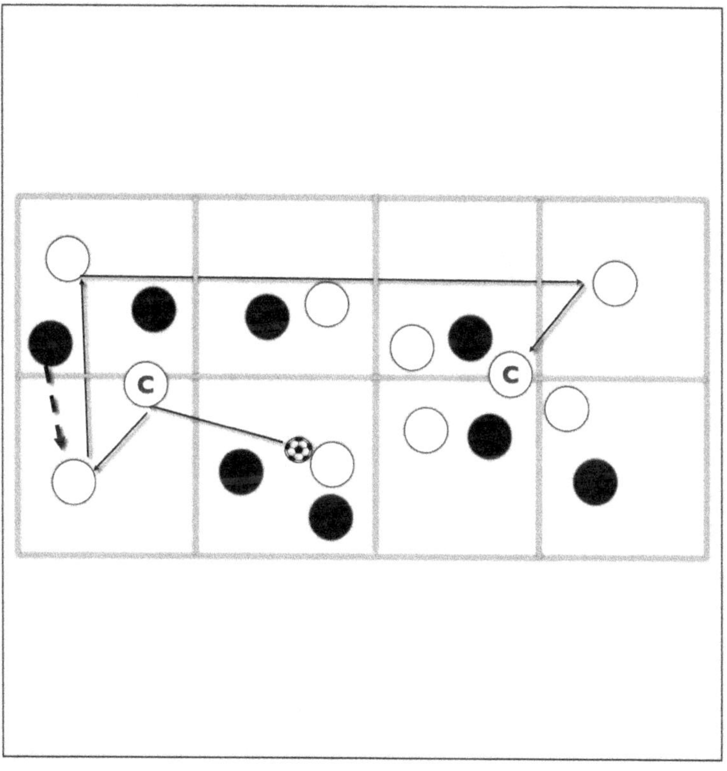

Tarea N° 8	Objetivo Principal	Mejora de la posesión defensiva
	Jugadores	18

Explicación

En un rectángulo dividido en 6 partes iguales distribuidos los jugadores como en la imagen. Cada equipo tendrá que mantener la posesión de balón buscando que el rival no pueda recuperar. Los jugadores solo podrán salir de su zona para interceptar.

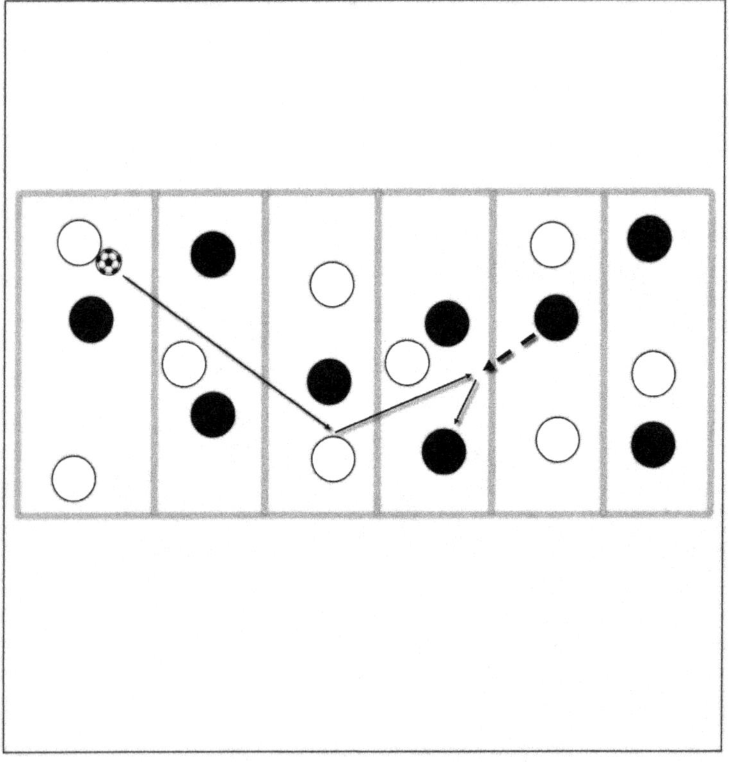

Tarea N° 9	Objetivo Principal	Mejora de la posesión defensiva
	Jugadores	9 (4x4+C)

Explicación

En un rectángulo dividido en dos cuadrados, los jugadores se colocan en la disposición de la imagen. El equipo que tiene el balón (blanco) intenta mantener el balón en cualquiera de las dos zonas. Cuando se sienta presionado podrá cambiar de zona jugando con el comodín. Si el otro equipo (negro) recupera cambiarán los roles y podrá jugar con el comodín para seguir manteniendo la posesión de balón.

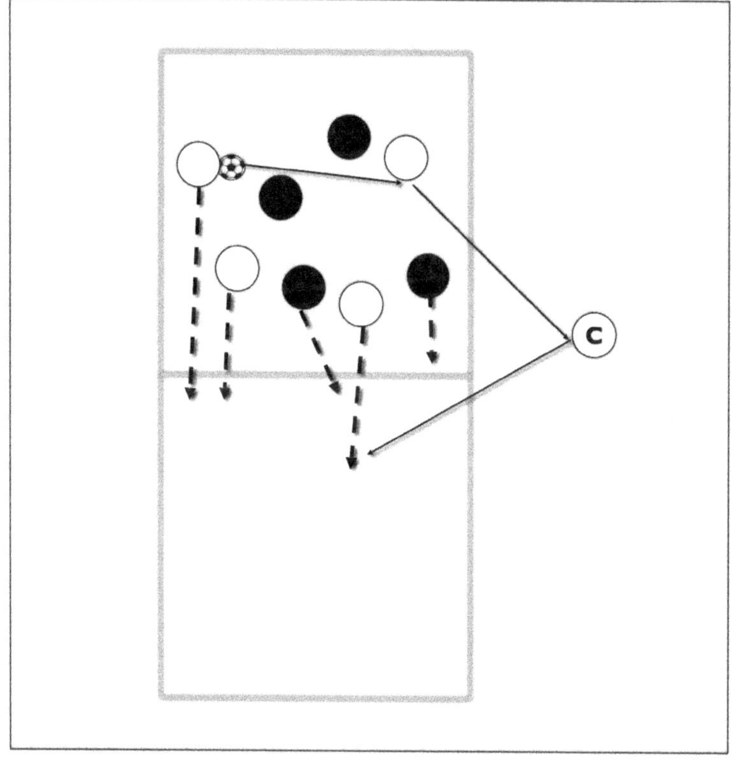

Tarea Nº 10	Objetivo Principal	Mejora de la posesión defensiva
	Jugadores	10 (P+1+4x4)

Explicación

En un rectángulo dividido en dos cuadrados, los jugadores se colocan en la disposición de la imagen. El equipo que tiene el balón (blanco) intenta mantener el balón en el cuadrado alejado de la portería. El otro equipo (negro) intentará recuperar y salir conduciendo del cuadrado para enfrentar al jugador que está en la otra mitad y hacer gol. Si este jugador recupera pasa a sus compañeros para que sigan manteniendo el balón donde empezaron.

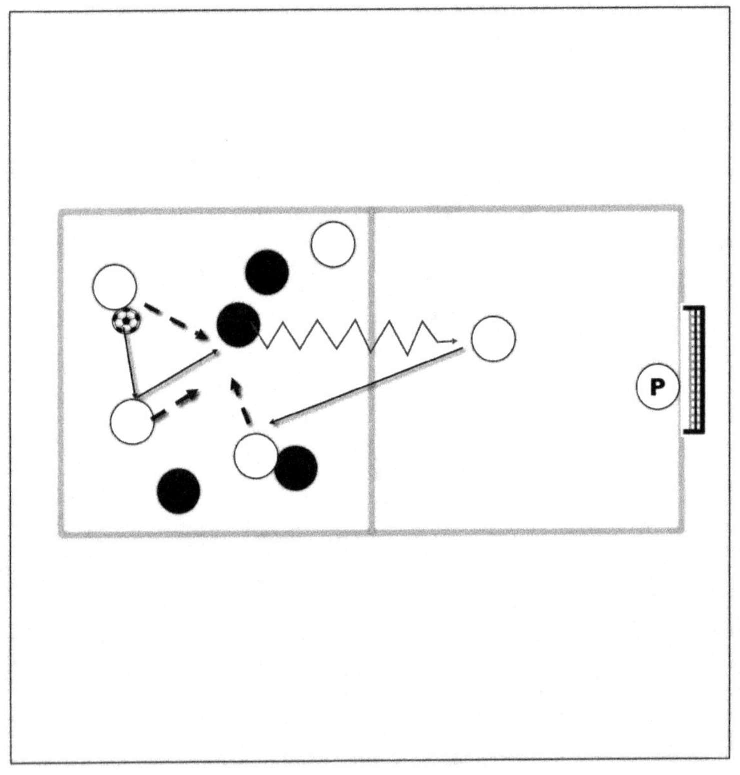

Tarea N° 11	Objetivo Principal	Mejora de la posesión defensiva
	Jugadores	10 (P+1+4x4)

Explicación

En un cuadrado dividido como en la imagen y los jugadores distribuidos en la disposición de la imagen. El equipo que tiene el balón (blanco) intenta mantener el balón en las zonas alejadas de la portería apoyado por el jugador que está fuera para cambiar de zona y seguir manteniendo el balón. El otro equipo (negro) intentará recuperar y salir conduciendo del cuadrado para enfrentar al jugador que está en la otra mitad y hacer gol. Si este jugador recupera pasa a sus compañeros para que sigan manteniendo el balón donde empezaron.

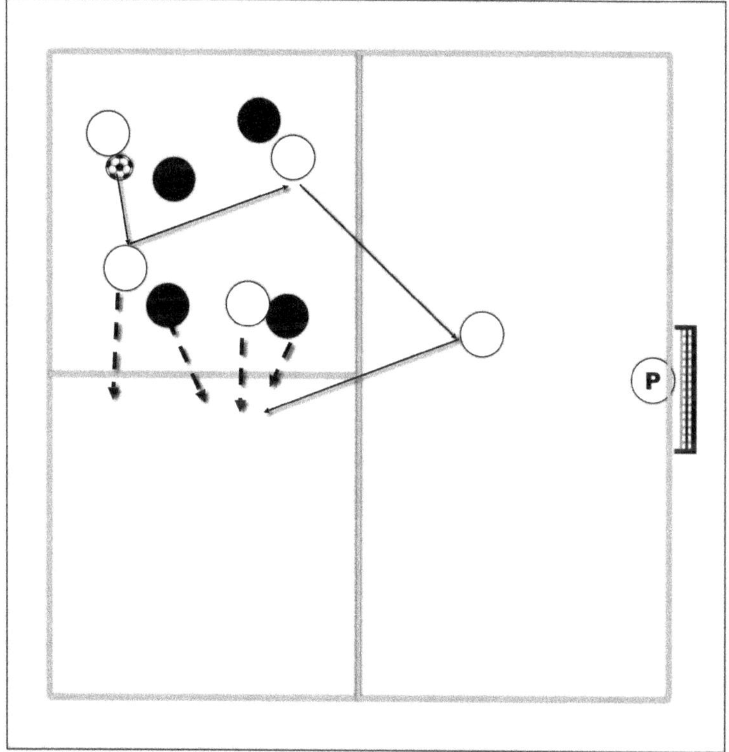

Tarea N° 12	**Objetivo Principal**	Mejora de la posesión defensiva
	Jugadores	11 (5x5+P)

Explicación

Los jugadores se distribuyen como en la imagen. El equipo blanco intentará con una línea de cuatro y el portero mantener la posesión de balón y el equipo negro intentará recuperar para atacar a la portería. El equipo blanco si se siente presionado podrá jugar con el compañero del cuadrado que será presionado por el jugador que está fuera del mismo que solo podrá entrar cuando reciba dentro del cuadrado.

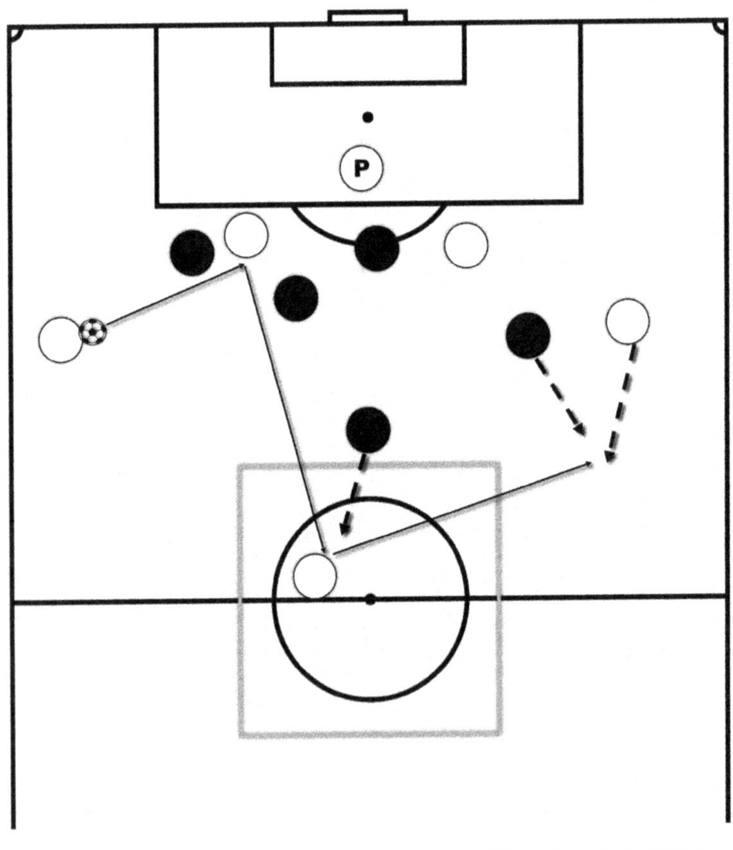

Tarea N° 13	Objetivo Principal	Mejora de la posesión defensiva
	Jugadores	9 (4x4+P)

Explicación

Los jugadores se distribuyen como en la imagen. El equipo blanco intentará mantener el balón en los cuadrados para que el equipo negro no pueda atacar la portería. Los jugadores del equipo negro podrán cambiar de un cuadrado a otro para recuperar. El equipo blanco utilizará al portero que está entre los cuadrados para cambiar el balón de un cuadrado a otro.

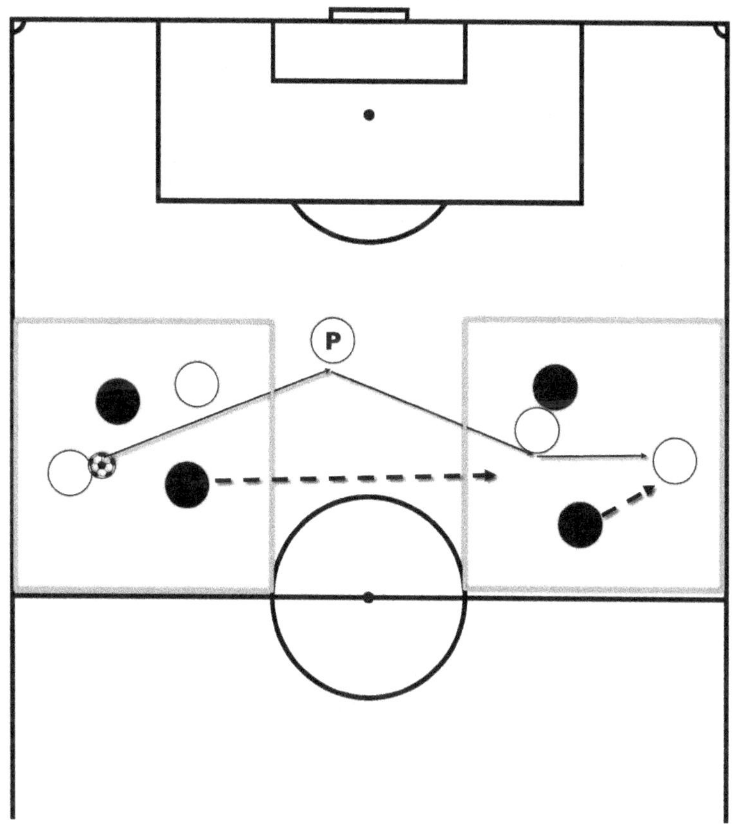

Tarea N° 14	Objetivo Principal	Mejora de la posesión defensiva
	Jugadores	22

Explicación

Un equipo tendrá un tiempo determinado por el entrenador para robar el balón en su propio campo al equipo contrario e intentar hacer el mayor número de goles y después tendrá el mismo tiempo para intentar mantener el balón en el campo rival para que el rival no le pueda atacar y defender el resultado.

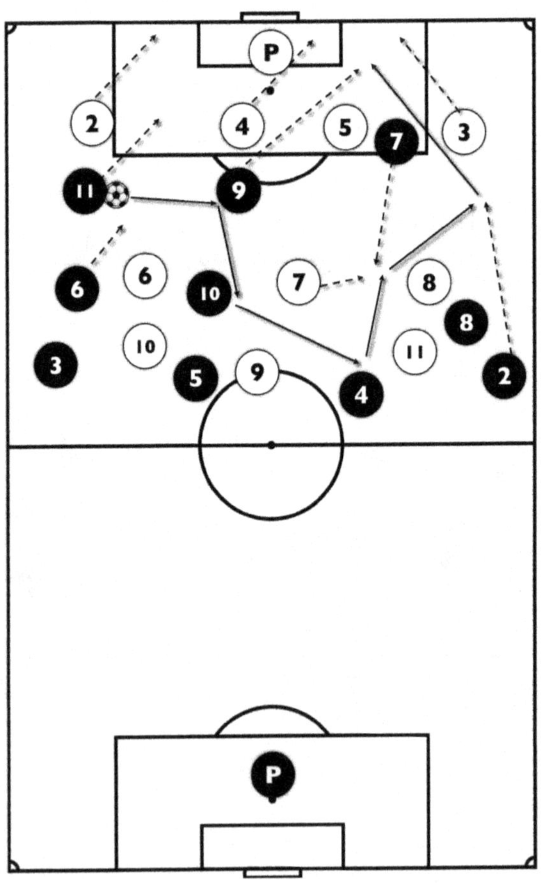

Tarea N° 15	Objetivo Principal	Mejora de la posesión defensiva
	Jugadores	22

Explicación

Partido en el que un equipo empezará ganado uno a cero al equipo contrario e intentará mantener la posesión de balón pudiendo moverse libremente por todas las zonas del campo con balón y sin balón. El equipo contrario (que irá perdiendo) tratará de recuperar y hacer gol sin poder abandonar sus zonas.

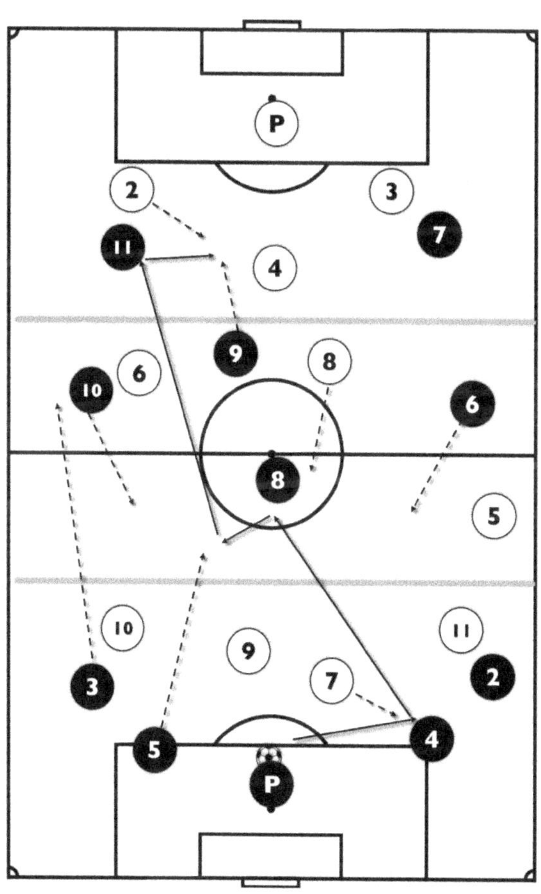

Tarea N° 16	Objetivo Principal	Mejora de la amplitud
	Jugadores	12 (4x4+4C)

Explicación

El equipo poseedor del balón mantendrá la posesión de balón llevándolo de una zona a otra apoyado por los comodines. Cuando el equipo que tiene el balón se sienta presionado por los jugadores rivales en una zona pasará a uno de los comodines repartidos por las zonas en amplitud para tener en otra zona el balón y que el rival no pueda recuperar. Si el rival recupera cambiarán los roles.

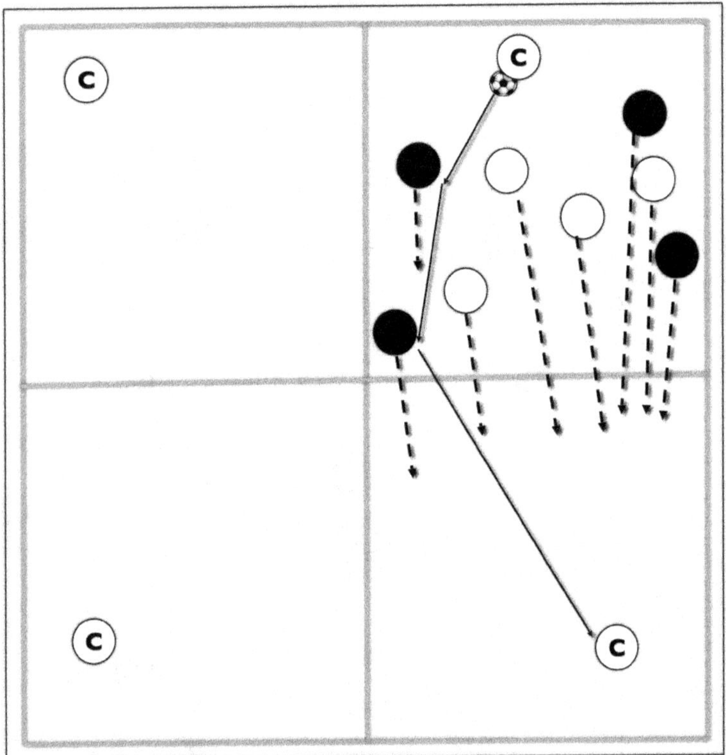

Tarea N° 17	Objetivo Principal	Mejora de la amplitud
	Jugadores	11 (4x4+3C)

Explicación

Los jugadores distribuidos como en la imagen. El equipo blanco tiene el balón con los comodines para mantener la posesión de balón. El equipo negro cuando recupera tiene que jugar rápido con algún comodín para colocarse en los lados del cuadrado para mantener la posesión de balón en amplitud y el equipo blanco presionará para recuperar y volver a su rol.

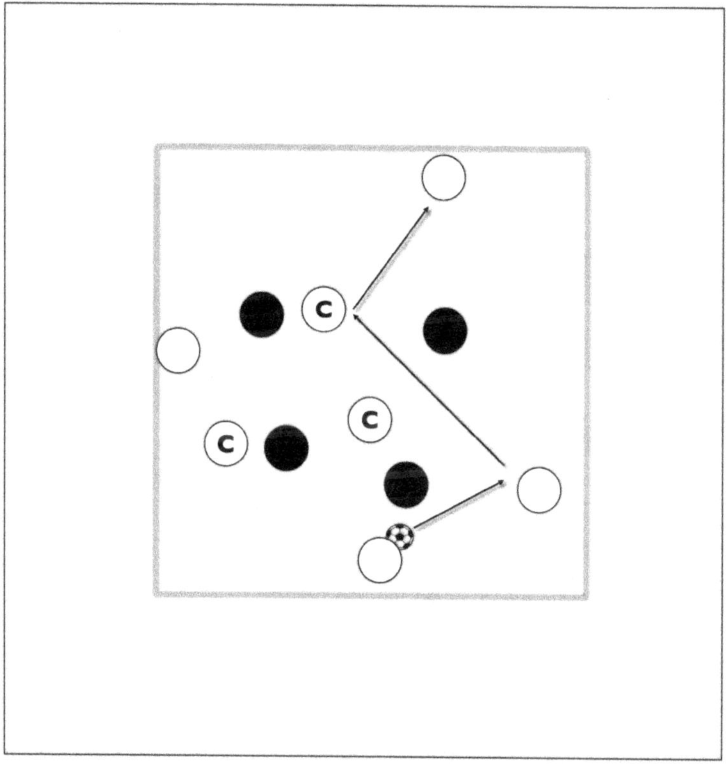

Tarea N° 18	Objetivo Principal	Mejora de la amplitud
	Jugadores	14 (6x6+2C)

Explicación

En un rectángulo los comodines por fuera en amplitud. Los equipos intentarán mantener la posesión de balón con la amplitud que le dan los comodines intercambiando la posición con el jugador que les pase el balón para seguir manteniendo la amplitud y la posesión. Cuando un equipo recupera el balón cambian los roles y juega en amplitud con los comodines que volverán a su posición para iniciar la posesión en amplitud.

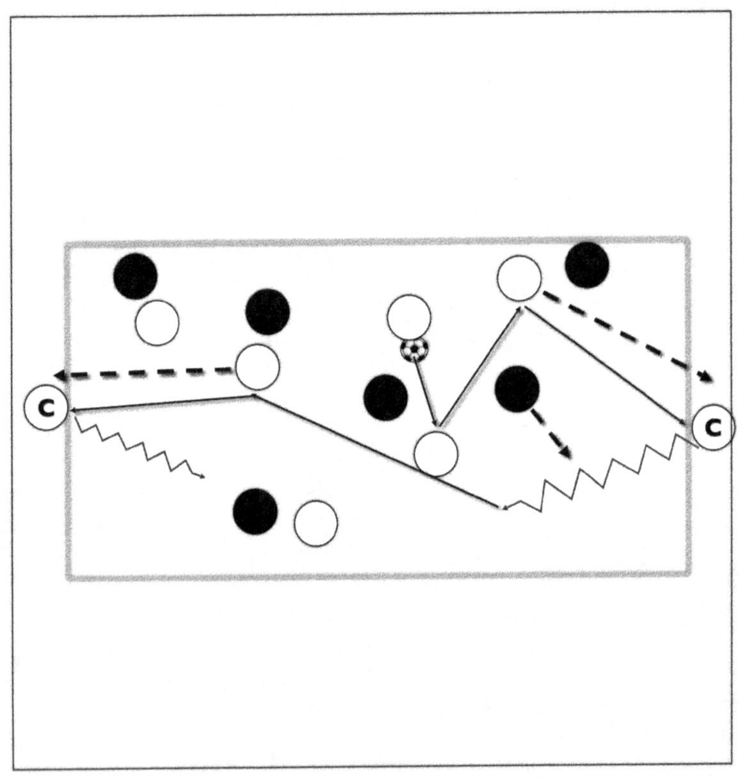

Tarea N° 19	Objetivo Principal	Mejora de la amplitud
	Jugadores	12 (P+5x5+P)

Explicación

Con el campo distribuido como en la imagen y con dos pasillos laterales el equipo poseedor podrá ocupar los pasillos laterales con dos jugadores y el equipo sin balón sólo podrá ocuparlos con uno. El equipo con balón aprovechará la superioridad numérica en amplitud para atacar al rival. Si un equipo recupera cambia el rol con el que perdió el balón.

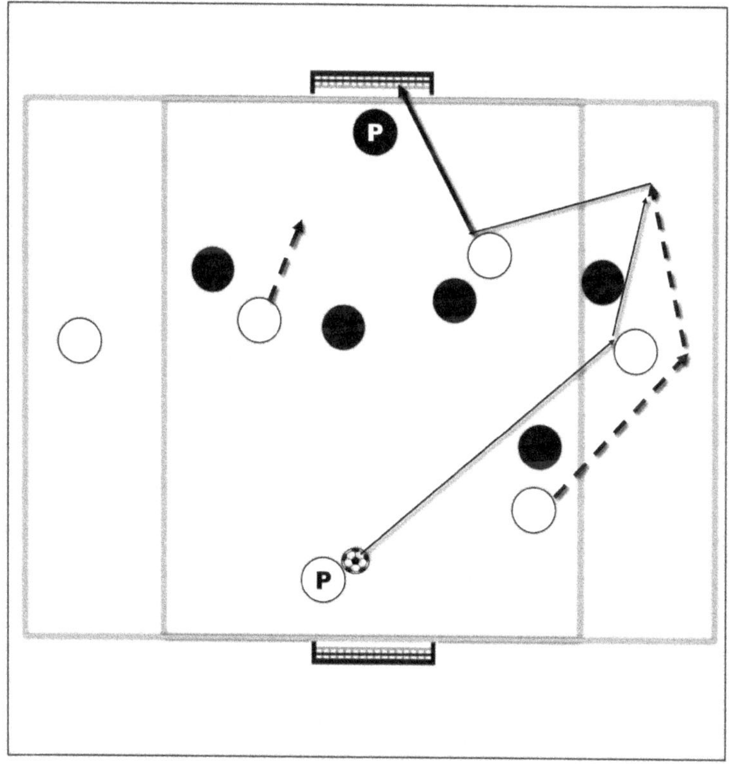

Tarea N° 20	Objetivo Principal	Mejora de la amplitud
	Jugadores	10 (P++2C+3x3+P)

Explicación

Los jugadores distribuidos como en la imagen los comodines jugarán con el equipo poseedor, no podrán salir y tampoco podrán entrar rivales a los pasillos. Si un equipo recupera los comodines cambiarán de equipo para atacar la otra portería.

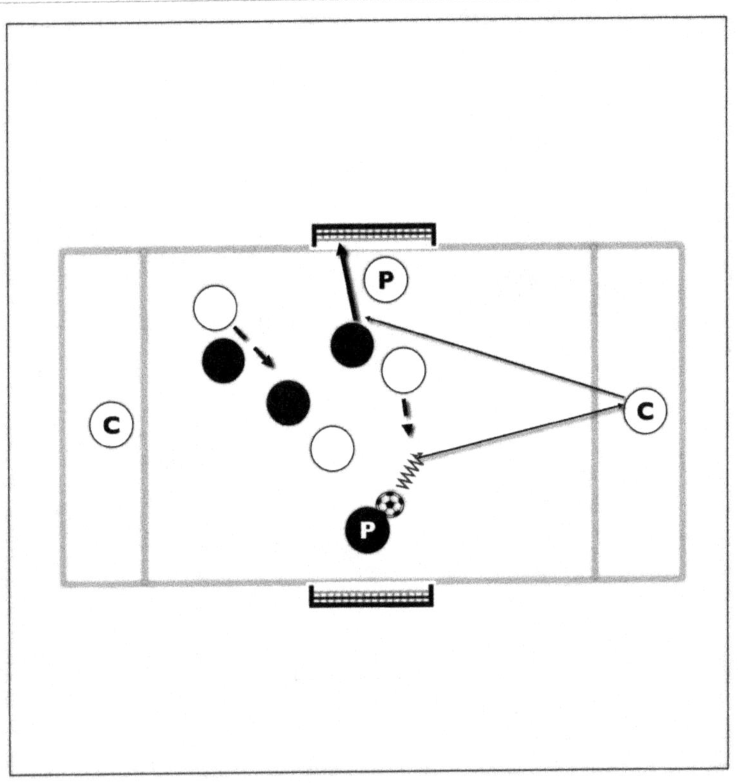

Tarea N° 21	Objetivo Principal	Mejora de la amplitud y de la profundidad
	Jugadores	11 (P+4x4+2C)

Explicación

Los jugadores distribuidos como en la imagen (uno de cada equipo en cada zona). El equipo poseedor (blanco) intentará profundizar hasta la portería contraria superando a los jugadores del otro equipo (negro) para finalizar. El equipo negro intentará robar el balón el balón. Si recupera el equipo negro jugará en amplitud con los comodines y cambiará el rol con el equipo blanco.

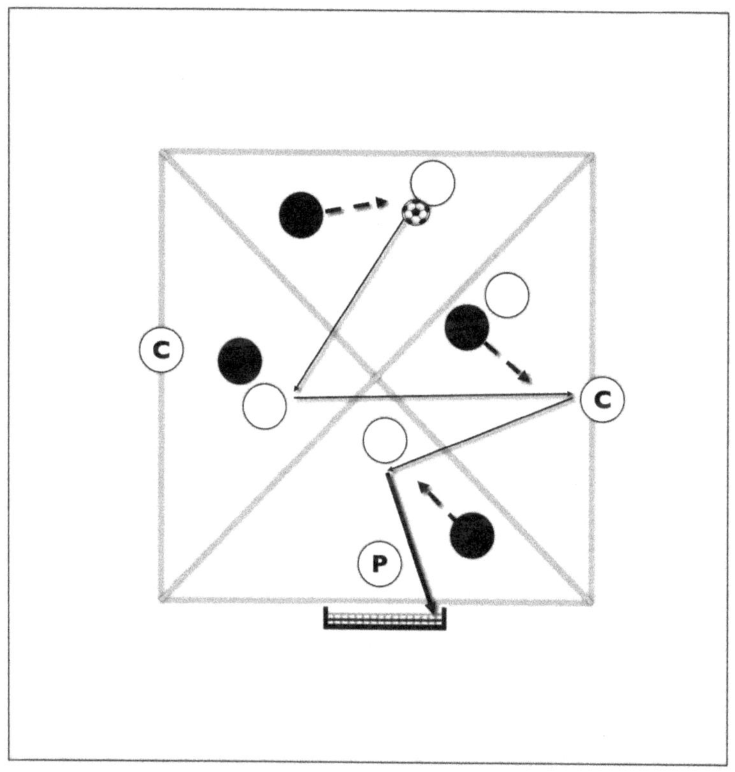

Tarea N° 22	Objetivo Principal	Mejora de la amplitud y de la profundidad
	Jugadores	9 (P+3x3+2C)

Explicación

-42-

En un cuadrado dividido en dos triángulos (como en la imagen). El equipo poseedor intentará jugar con uno de los comodines en amplitud para que pase en profundidad al otro triángulo y poder tirar a portería. Si el rival recupera el balón cambian los roles y podrá jugar con los comodines para atacar la portería.

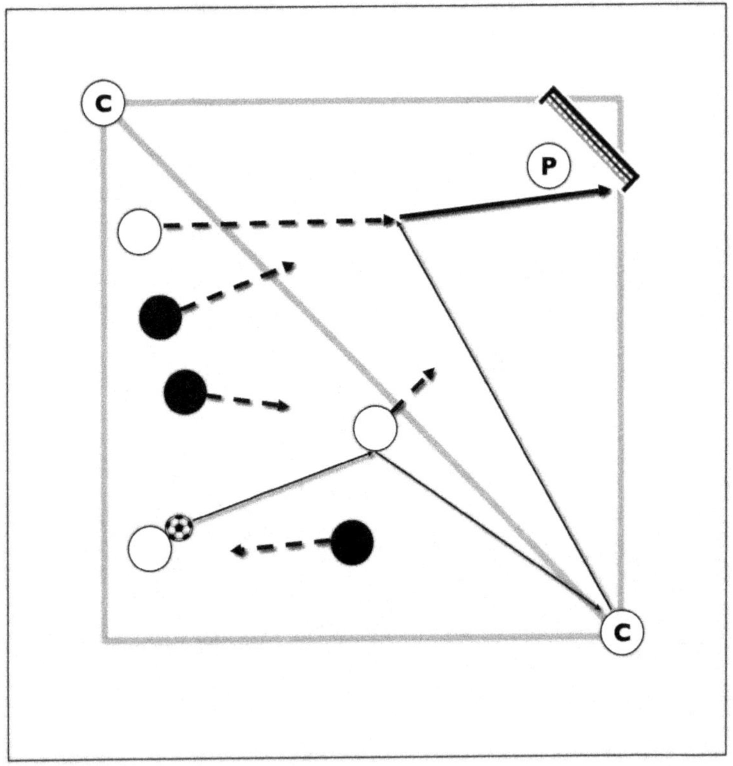

Tarea N° 23	Objetivo Principal	Mejora de la amplitud y de la profundidad
	Jugadores	8 (4x3+P)

Explicación

Los jugadores distribuidos como en la imagen. Los 2 jugadores del centro se pasan el balón entre ellos hasta que salen a presionar los jugadores rivales y atacan en profundidad aprovechando la amplitud de los compañeros que se incorporan al ataque por las bandas.

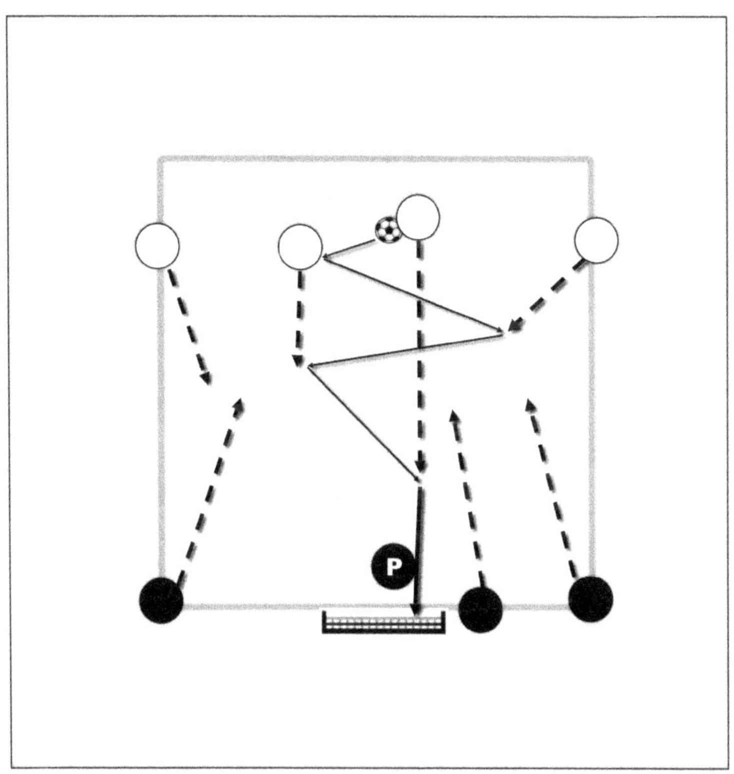

Tarea Nº 24	Objetivo Principal	Mejora de la amplitud y de la profundidad
	Jugadores	15 (P+6x6+2C)

Explicación

En un rectángulo dividido en tres campos iguales, los equipos se colocarán en la disposición de la imagen. Sólo podrán pasar a la zona los jugadores del equipo con balón (blanco) . El equipo blanco profundizará en ataque con la ayuda de los comodines situados en amplitud para atacar la portería.

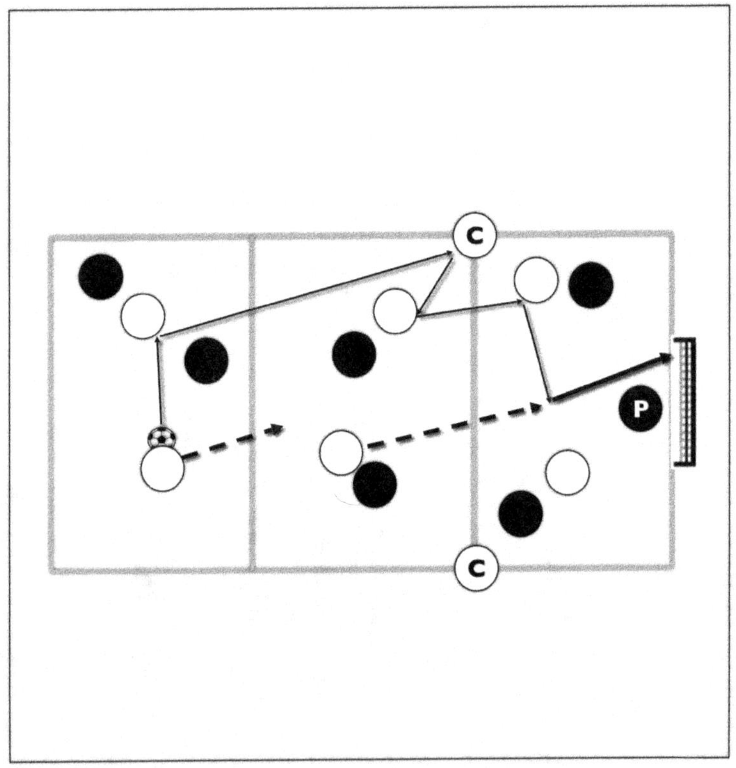

Tarea N° 25	Objetivo Principal	Mejora de la amplitud y de la profundidad
	Jugadores	8 (P+3x3+C)

Explicación

En un rectángulo dividido en dos cuadrados, los jugadores se colocan en la disposición de la imagen. El equipo que tiene el balón (blanco) intentará atraer apoyado por el comodín en el cuadrado alejado de la portería al otro equipo (negro) que estará sobre la línea. Todos los jugadores del equipo negro entrarán a presionar y el equipo blanco intentará profundizar en ataque con uno de los jugadores en amplitud. Si recupera el balón el equipo negro cambiarán los roles.

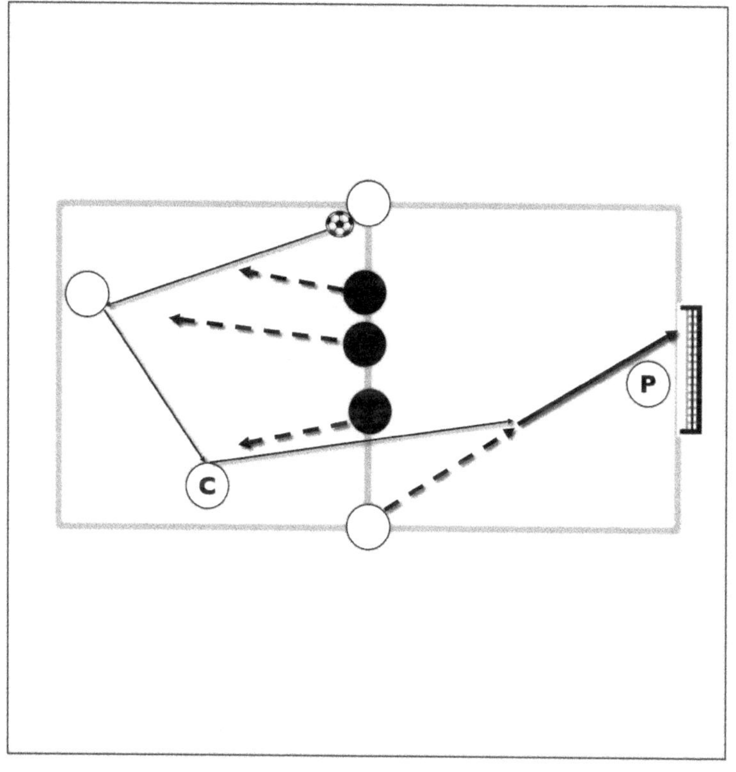

Tarea N° 26	Objetivo Principal	Mejora de la amplitud y de la profundidad
	Jugadores	10 (P+4x4+C)

Explicación

En un rectángulo dividido en dos cuadrados los jugadores se colocan en la disposición de la imagen. El equipo que tiene el balón (blanco) intentará atraer apoyado por el comodín en el cuadrado alejado de la portería al otro equipo (negro) que estará sobre la línea. Todos los jugadores del equipo negro entrarán a presionar menos uno que replegará y el equipo blanco intentará profundizar en ataque con los dos jugadores en amplitud. Si recupera el balón el equipo negro cambiarán los roles y podrán apoyarse en el comodín para atraer al equipo blanco.

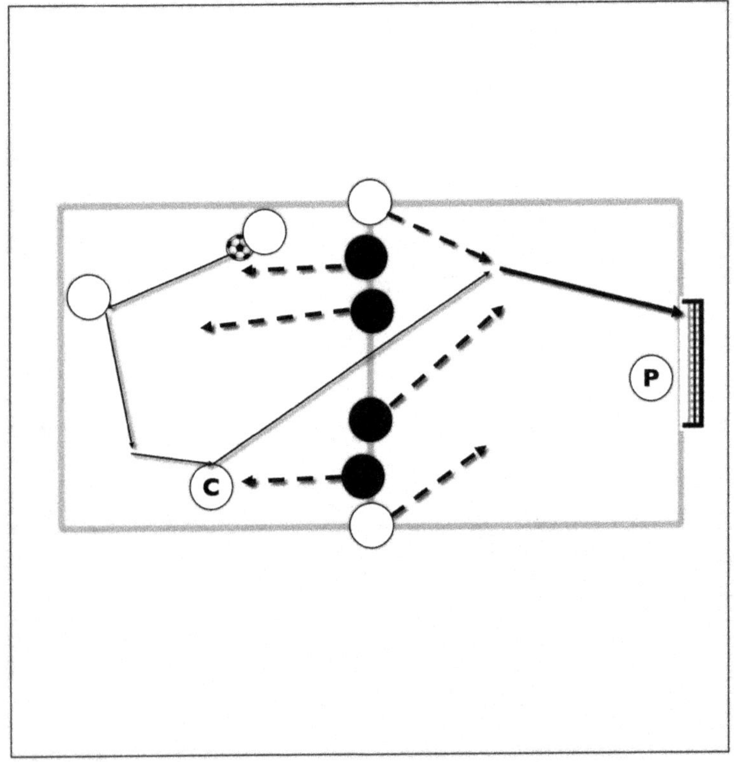

Tarea N° 27	Objetivo Principal	Mejora de la amplitud y de la profundidad
	Jugadores	9 (P+3x3+2C)

Explicación

En un trapecio en el que el lado mas pequeño viene delimitado por la portería. Juegan 3 contra tres con una portería y dos comodines en los laterales. El gol solo vale de pase de uno de los dos comodines que se situarán amplitud y profundidad para que puedan avanzar hacia la portería el equipo con balón.

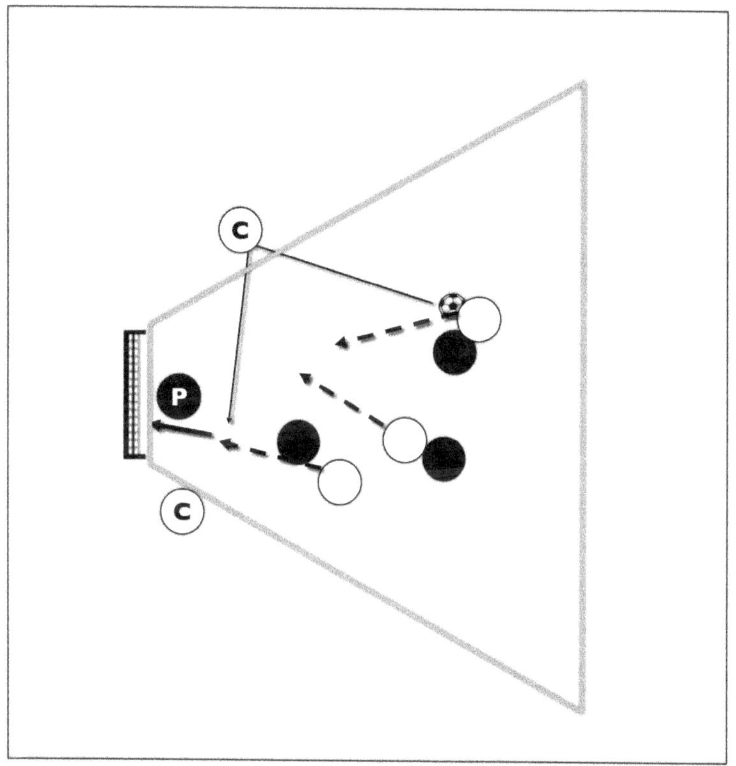

Tarea N° 28	Objetivo Principal	Mejora de la amplitud y de la profundidad
	Jugadores	12

Explicación

En un rectángulo dividido y distribuidos los jugadores como en la imagen. Los jugadores del equipo blanco tendrán que ir profundizando en el juego y avanzando hacia la portería sin salirse de su pasillo. Cuando avancen, los dos jugadores del equipo negro solo podrán ocupar dos zonas para recuperar el balón. Los jugadores del equipo blanco intentarán profundizar en amplitud jugando con el compañero que esté libre en su pasillo. En la última zona finalizarán.

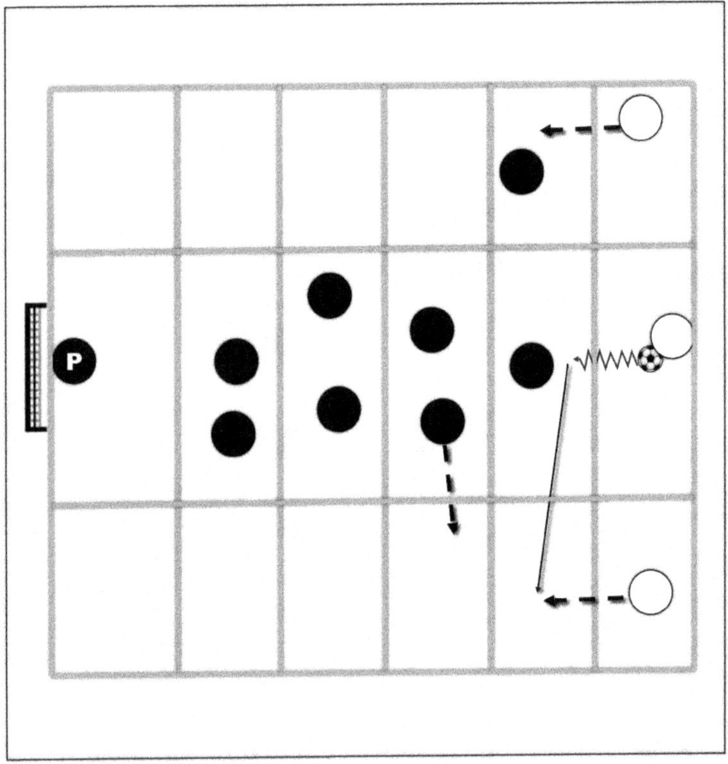

Tarea N° 29	Objetivo Principal	Mejora de la amplitud y de la profundidad
	Jugadores	10 (1+4x4+P)

Explicación

Los jugadores se distribuyen como en la imagen. El equipo blanco intentará con una línea de 4 que el balón no llegue a los delanteros, que intentarán recibir por detrás de ella. El equipo negro se colocará siempre en amplitud y cada vez que reciba el jugador adelantado devolverá el balón para ir profundizando en las zonas para llegar a la portería, menos en la última que finalizará en la portería.

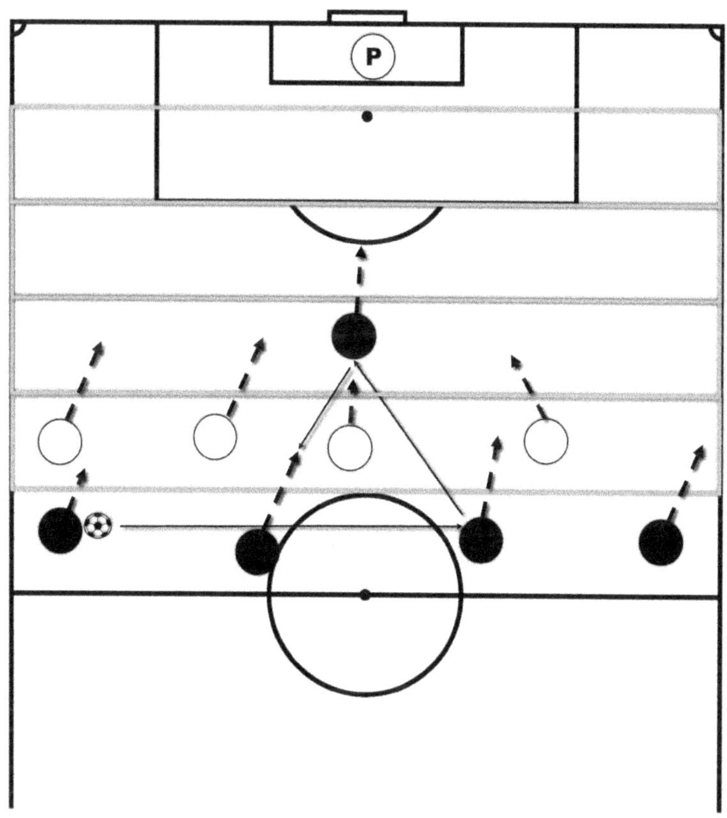

Tarea N° 30	Objetivo Principal	Mejora de la amplitud y de la profundidad
	Jugadores	12 (P+4x4+P+2C)

Explicación

Con el campo distribuido como en la imagen y con dos pasillos laterales el equipo poseedor colocará a dos jugadores en ellos y podrán entrar a la zona central cuando reciban el balón de un compañero con el que cambiará el rol. Cuando un equipo recupera el balón los comodines juegan para ellos y colocan dos jugadores en los pasillos (pueden ser los comodines o cualquier otro) para atacar en amplitud y profundizar hacia la portería rival.

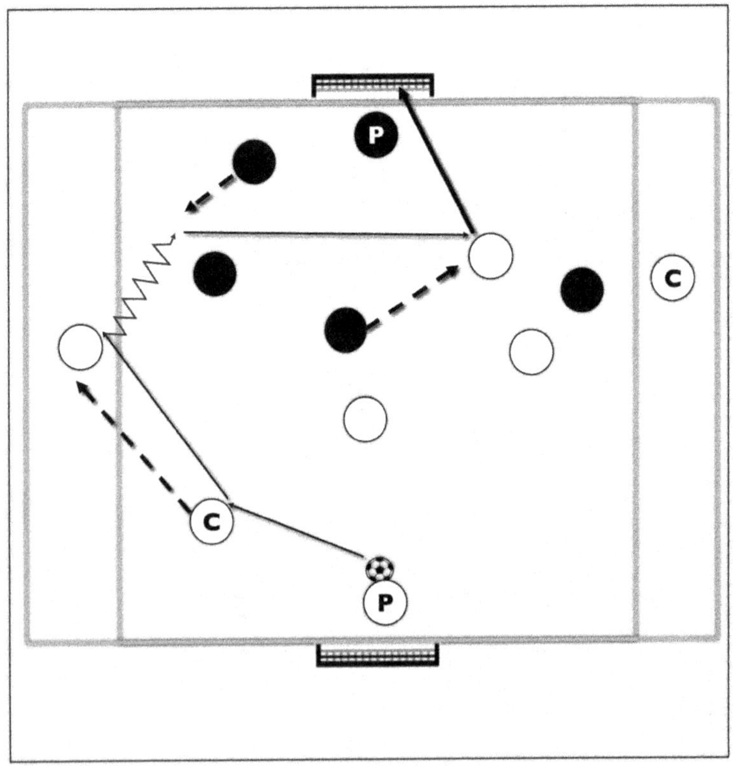

Tarea N° 31	Objetivo Principal	Mejora de la amplitud y de la profundidad
	Jugadores	16 (P+2+4x4+2+2C+P)

Explicación

En un hexágono distribuidos los jugadores como en la imagen se juega cuatro contra cuatro con dos jugadores por fuera cada equipo, dos comodines y con porteros. Los comodines jugarán con el equipo poseedor y para que valgan los goles tienen que ser a pase del jugador de fuera de cada equipo.

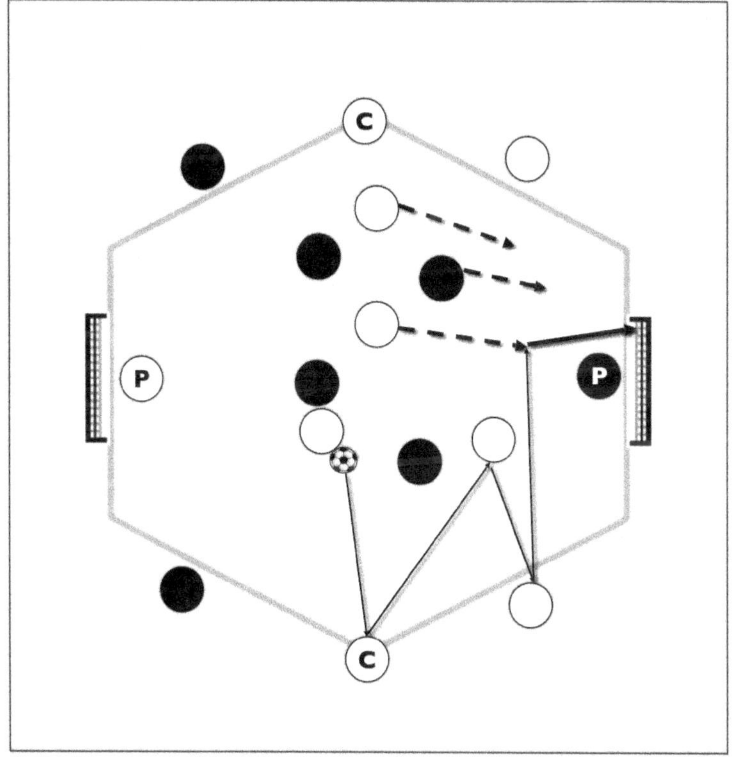

Tarea Nº 32	Objetivo Principal	Mejora de la amplitud y de la profundidad
	Jugadores	10 (P+2C+1+2x2+1+P)

Explicación

Los jugadores distribuidos como en la imagen los comodines jugarán con el equipo poseedor, no podrán salir y tampoco podrán entrar otros jugadores en su zona. Los goles sólo serán válidos de pase del jugador adelantado. Si un equipo recupera los comodines cambiarán de equipo para atacar la otra portería.

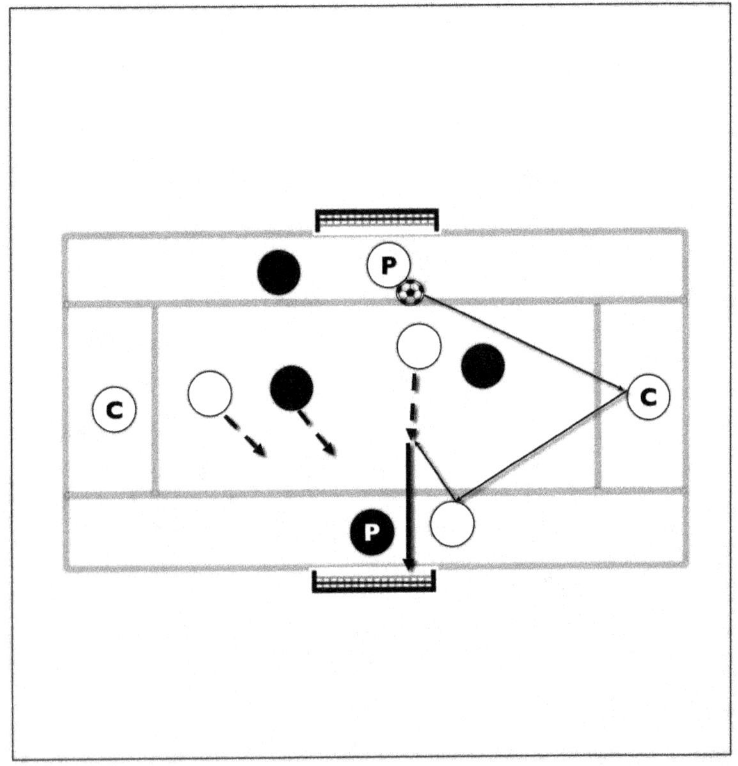

Tarea N° 33	Objetivo Principal	Mejora de la amplitud y de la profundidad
	Jugadores	14 (P+2+4x4+2+P)

Explicación

Los jugadores y el campo distribuidos como en la imagen. El equipo con balón (negro) tendrá un jugador en cada zona y se apoyará con los jugadores adelantados en amplitud para poder jugar en profundidad y el equipo sin balón (blanco) podrá moverse libremente para recuperar. Si recupera el balón cambian los roles y el equipo blanco podrá jugar con los jugadores adelantados para atacar sin salir de sus zonas.

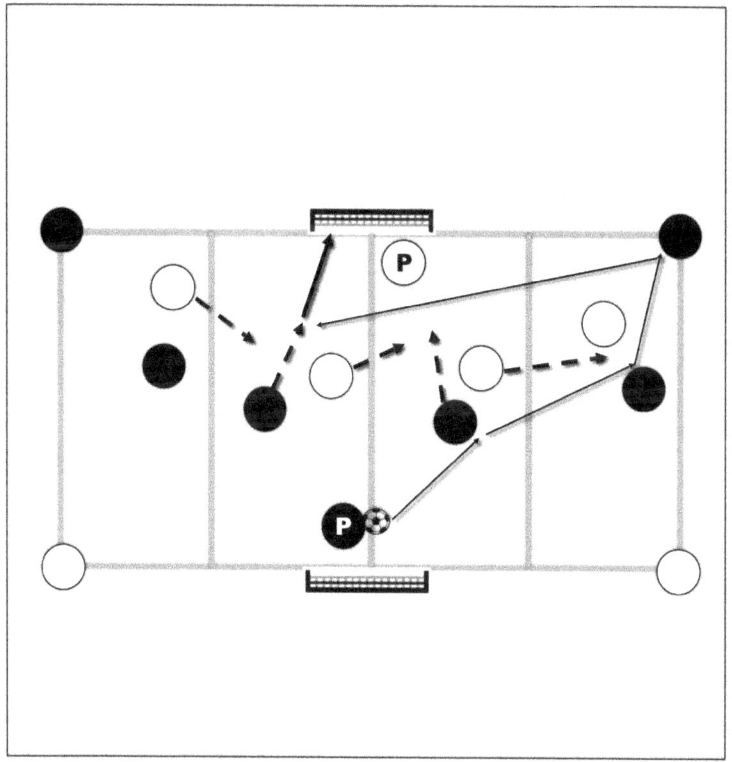

Tarea N° 34	Objetivo Principal	Mejora de la amplitud y de la profundidad
	Jugadores	12 (P+1+4x4+1+P)

Explicación

Los jugadores se distribuyen como en la imagen. El equipo blanco intentará profundizar la zona de la línea defensiva rival jugando con el jugador adelantado aprovechando la amplitud del campo, si consigue jugar con él se incorporarán al ataque para finalizar y sólo un jugador superado podrá retroceder. Si el equipo negro recupera intentará profundizar con el jugador adelantado para hacer gol en la otra portería.

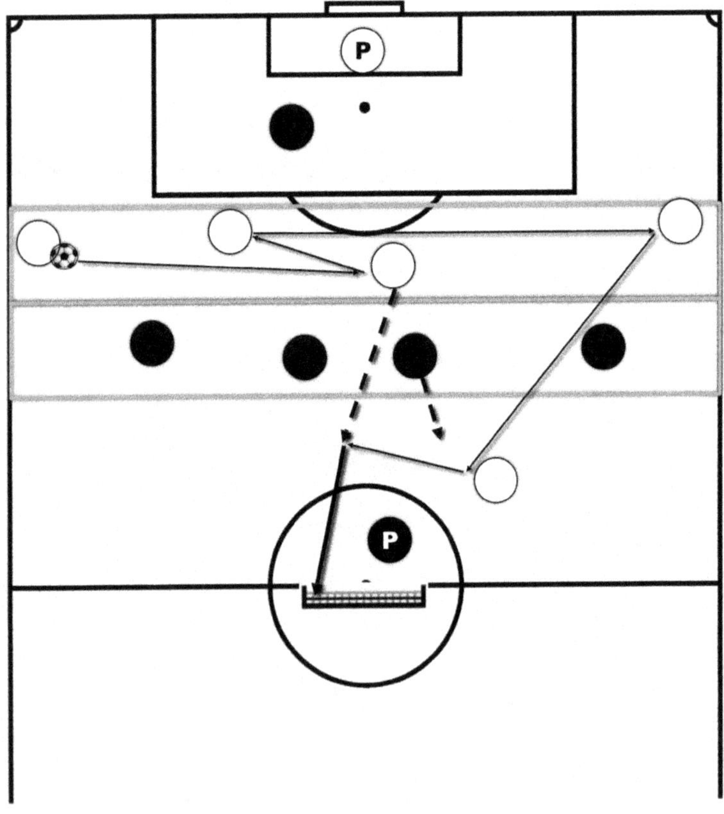

Tarea N° 35	Objetivo Principal	Mejora de la amplitud y de la profundidad
	Jugadores	21 (P+2C+8x9+P)

Explicación

Los jugadores distribuidos como en la imagen. Partido en el que un equipo empezará teniendo la posesión de balón y el rival repartido por las zonas. El equipo con balón intentará jugar con los jugadores más adelantados y poder profundizar a la siguiente zona utilizando la amplitud que le darán los comodines que irán avanzando conforme el balón llegue a las zonas. Cuando una zona es superada los jugadores esperarán que su equipo recupere y poder atacar sobre la portería rival. Cuando se enfrenten a la última zona atacarán la portería.

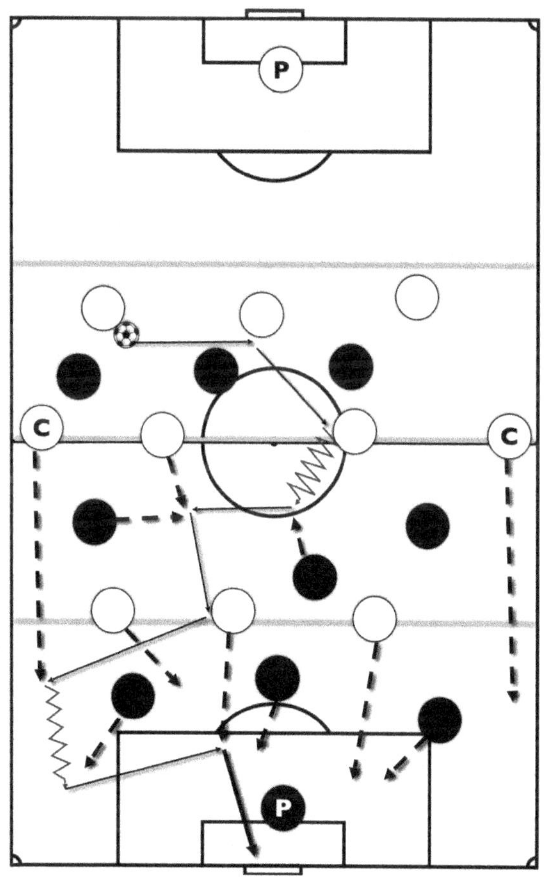

Tarea N° 36	Objetivo Principal	Mejora del concepto de atraer para pasar
	Jugadores	8

Explicación

Los jugadores distribuidos como en la imagen. Los dos jugadores del centro tienen el balón para atraer a los dos jugadores rivales que irán a presionarles. Cuando vayan a la presión podrán jugar con uno de los compañeros de las esquinas para atacar una de las porterías.

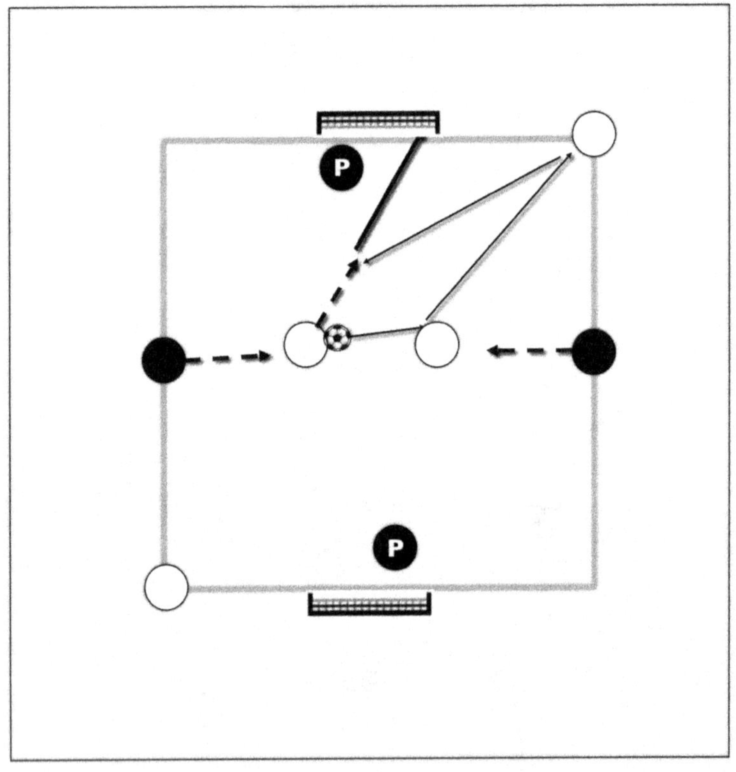

Tarea N° 37	Objetivo Principal	Mejora del concepto de atraer para pasar
	Jugadores	7

Explicación

Los jugadores distribuidos como en la imagen. El jugador del centro tiene el balón e intenta atraer a los 2 jugadores rivales que irán a presionarle. Cuando vayan a la presión podrá jugar con uno de los compañeros de las esquinas para atacar una de las porterías.

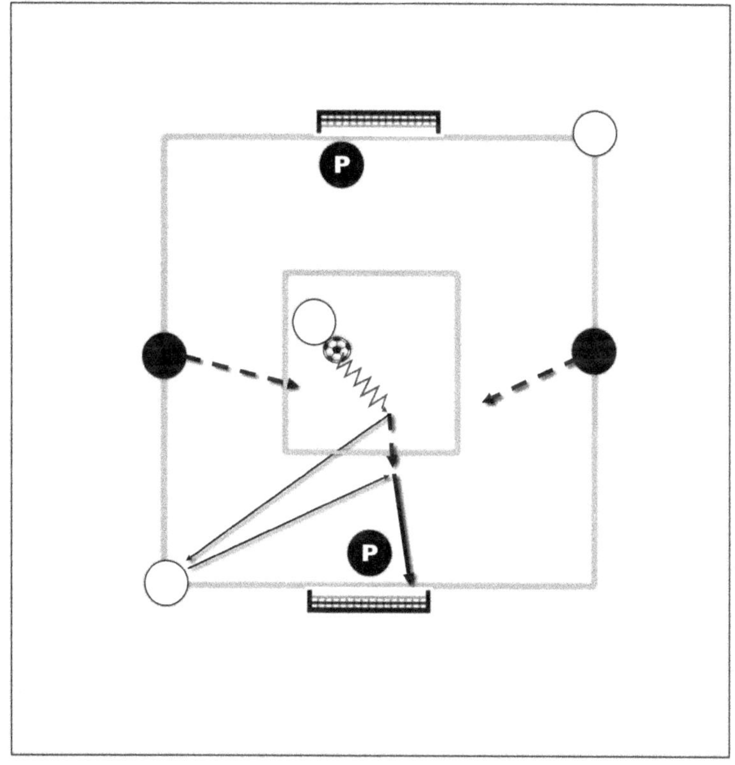

Tarea N° 38	Objetivo Principal	Mejora del concepto de atraer para pasar
	Jugadores	5 (2x3)

Explicación

Los jugadores situados como en la imagen se pasarán el balón entre ellos, en el centro un jugador intentará interceptar el pase pudiendo moverse de manera lateral en el pasillo y otro por detrás de cada uno de ellos entrará para presionar cuando reciban (cuando no esté el balón en el cuadrado estarán fuera) y el equipo que tiene balón no podrá pasar hasta que no entren a presionar en el cuadrado.

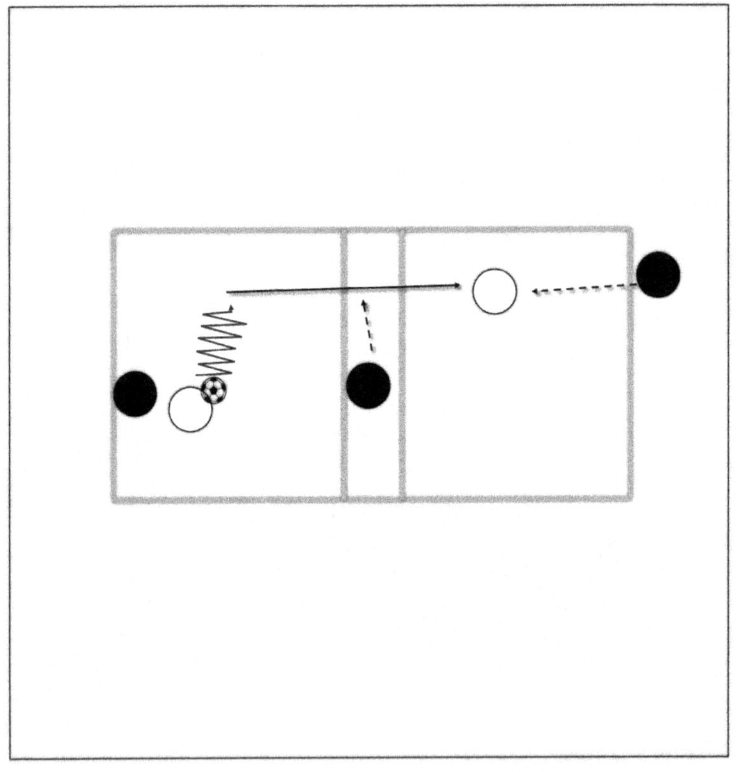

Tarea N° 39	Objetivo Principal	Mejora del concepto de atraer para pasar
	Jugadores	7 (4x3)

Explicación

Los jugadores situados como en la imagen se pasarán el balón entre ellos, en el centro un jugador entrará a presionar, cuando lo haga pasarán al hombre libre de la otra zona para seguir manteniendo el balón.

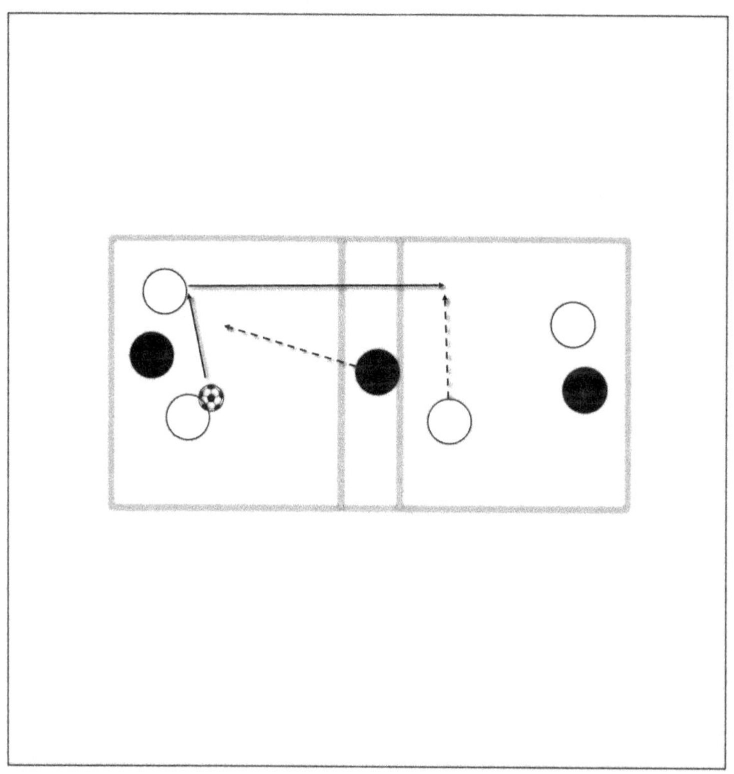

Tarea N° 40	Objetivo Principal	Mejora del concepto de atraer para pasar
	Jugadores	6 (2+2x2)

Explicación

-60-

Los jugadores situados como en la imagen se pasarán el balón entre ellos, en el centro los jugadores irán a presionar pero sólo pueden hacerlo a una de las zonas. Los jugadores con balón cuando atraigan al rival pasarán al otro cuadrado el balón.

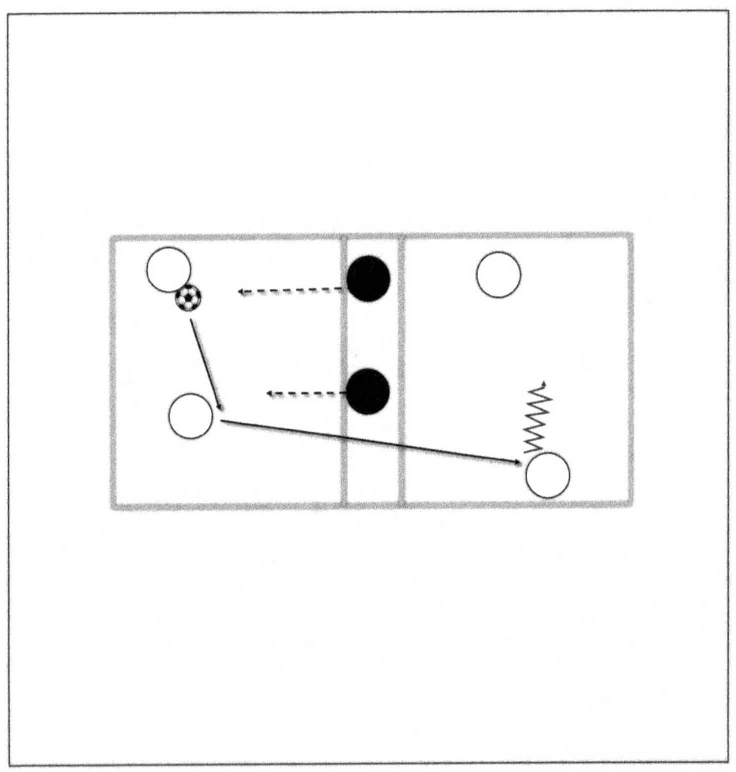

Tarea N° 41	Objetivo Principal	Mejora del concepto de atraer para pasar
	Jugadores	9 (1+C+3x3+1)

Explicación

En un cuadrado dividido en dos triángulos (como en la imagen). El equipo poseedor atraerá al contrario a uno de los triángulos y cuando lo haga jugará con el jugador que dejó en el otro, que será presionado por el jugador del equipo contrario que estaba fuera. Cuando cambien de triángulo el equipo poseedor dejará a un jugador en el otro triángulo para recibir y el que no tiene balón a un jugador fuera. El comodín no podrá cambiar el balón de triángulo. Si el rival recupera cambian los roles.

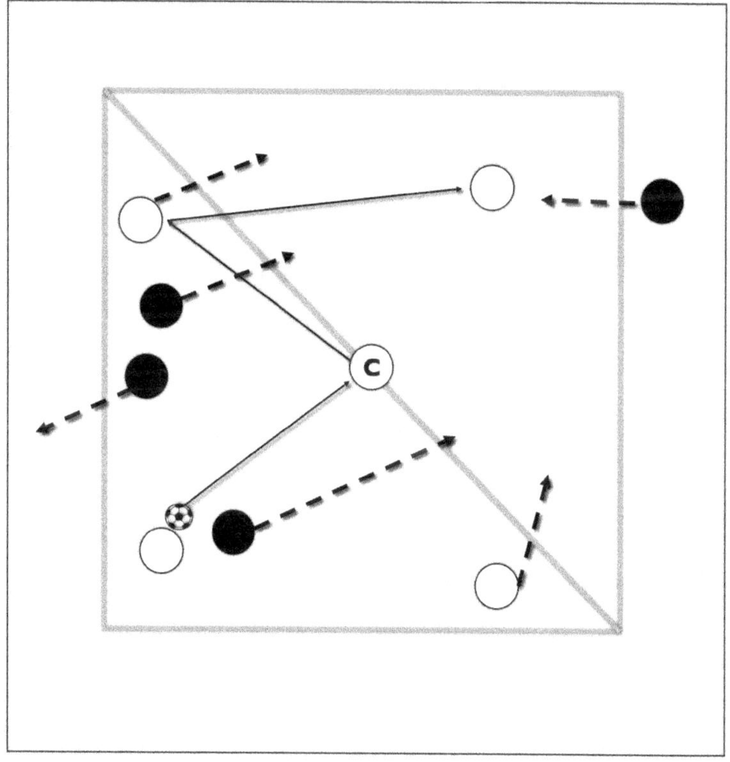

Tarea N° 42	Objetivo Principal	Mejora del concepto de atraer para pasar
	Jugadores	12

Explicación

En un rectángulo dividido en 8 partes iguales distribuidos los jugadores como en la imagen. Los equipos intentarán mover y atraer a la línea contraria para poder pasar al compañero adelantado para que finalice. Si recibe el jugador adelantado, podrán ir los defensores a presionar el tiro.

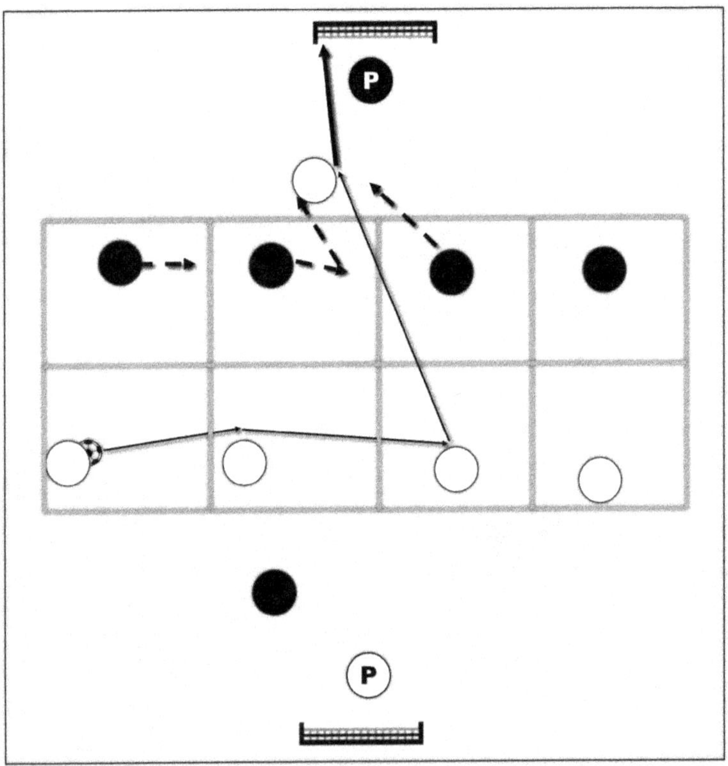

Tarea N° 43	Objetivo Principal	Mejora del concepto de atraer para pasar
	Jugadores	10 (4x4+C+C)

Explicación

En un rectángulo dividido en dos cuadrados, los jugadores se colocan en la disposición de la imagen. El equipo que tiene el balón (blanco) intenta mantener el balón en el cuadrado y cuando consideren, atraigan o se sientan presionados, para seguir manteniendo la posesión, podrán jugar con el comodín del otro cuadrado e irán a mantener la posesión en la otra mitad. Los comodines permanecerán a la espera en cada cuadrado a que jueguen con ellos. Si el equipo negro recupera cambiarán los roles.

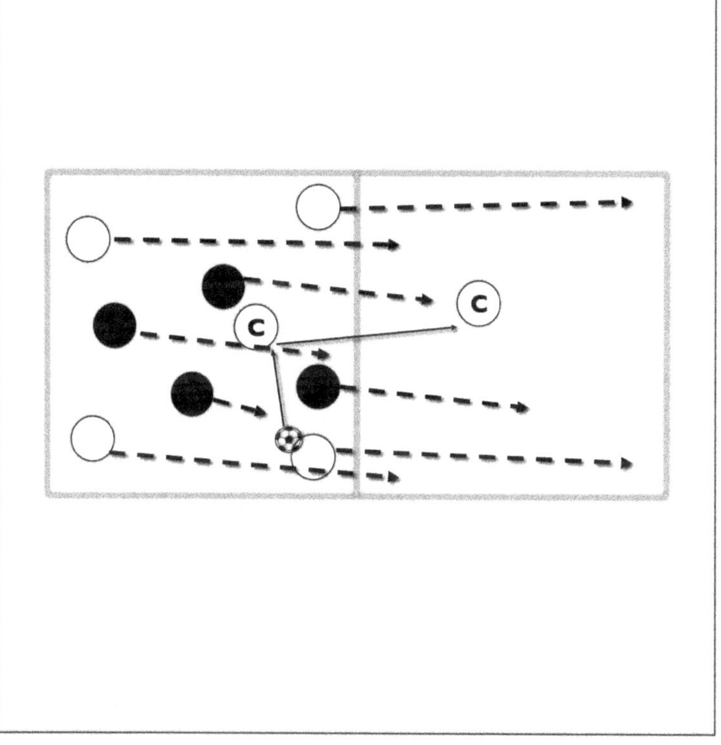

Tarea N° 44	Objetivo Principal	Mejora del concepto de atraer para pasar
	Jugadores	18

Explicación

En un rectángulo dividido en 8 partes iguales distribuidos los jugadores como en la imagen (2 en cada cuadrado, uno de cada equipo). Los comodines tendrán libertad de movimientos y participarán con el equipo poseedor del balón. En el equipo sin balón podrán salir los jugadores a presionar y abandonar su cuadrado para ayudar a un compañero que esté intentando recuperar en inferioridad numérica. El equipo poseedor, una vez que atraiga y libere a un compañero pasará para seguir manteniendo el balón. Si recuperan el balón cambian los roles.

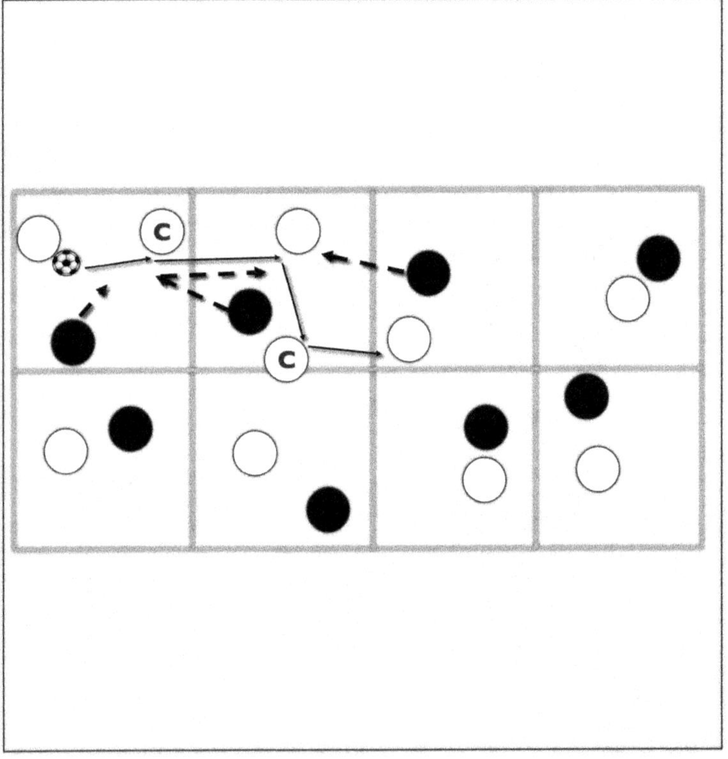

Tarea N° 45	Objetivo Principal	Mejora del concepto de atraer para pasar
	Jugadores	13 (3x3+2x4+P)

Explicación

Los jugadores se distribuyen como en la imagen. Juegan 3 jugadores (equipo negro) en un cuadrado provocando que entren a presionar los jugadores del otro equipo (blanco). Cuando entran a presionar, los jugadores del equipo negro pasan a uno de los dos jugadores que están fuera, salen para atacar y todo el equipo negro atacará la portería que defienden 4 jugadores blancos y el portero.

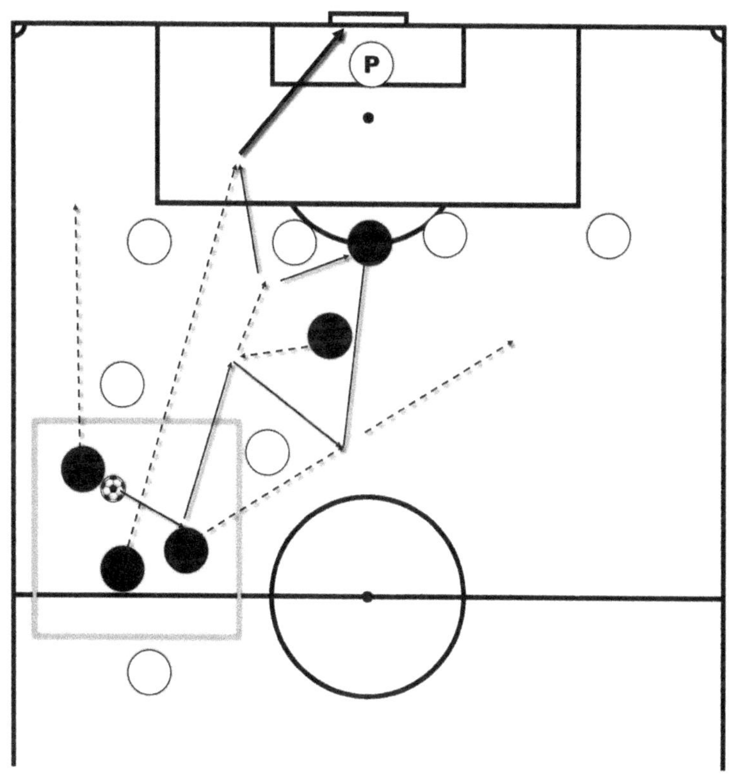

Tarea N° 46	Objetivo Principal	Mejora del concepto de atraer para pasar
	Jugadores	10 (P+1+3x3+1+P)

Explicación

En un rectángulo dividido en tres campos iguales, los jugadores se distribuirán 3 en la zona central y uno sobre la línea. Los jugadores sobre las líneas solo podrán interceptar pases en defensa y en ataque esperarán que sus compañeros atraigan a los rivales para recibir en profundidad y atacar la portería rival.

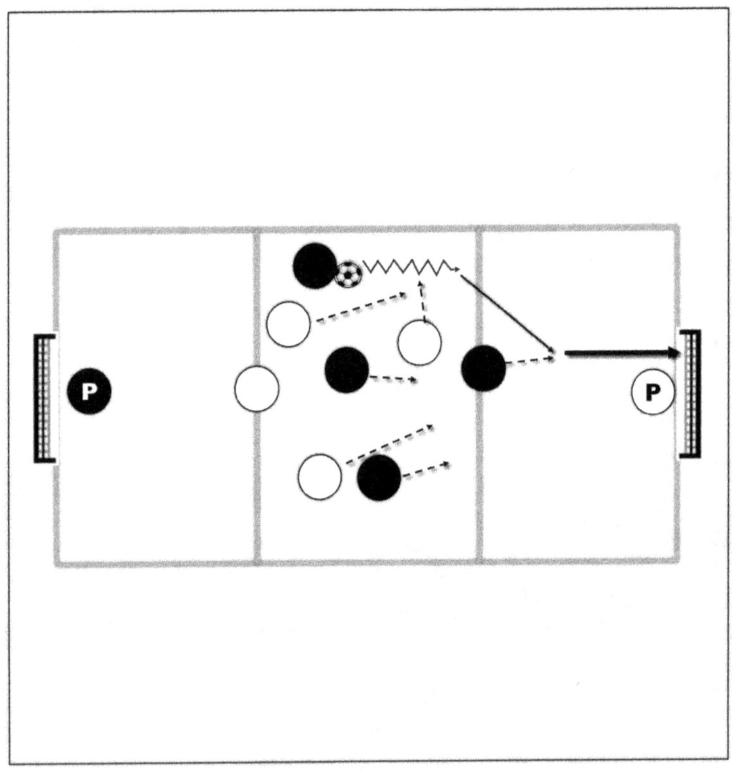

Tarea N° 47	Objetivo Principal	Mejora del concepto de atraer para pasar
	Jugadores	10 (P+4x4+P)

Explicación

En un cuadrado dividido en dos partes con dos porterías y porteros distribuidos como en la imagen. Los equipos intentarán mantener la posesión de balón en la mitad que no están sus porterías para atraer al rival. Cuando el equipo contrario está metido en la mitad pasan al portero como jugador libre y atacan la portería rival. Si el equipo contrario roba cambiaran los roles.

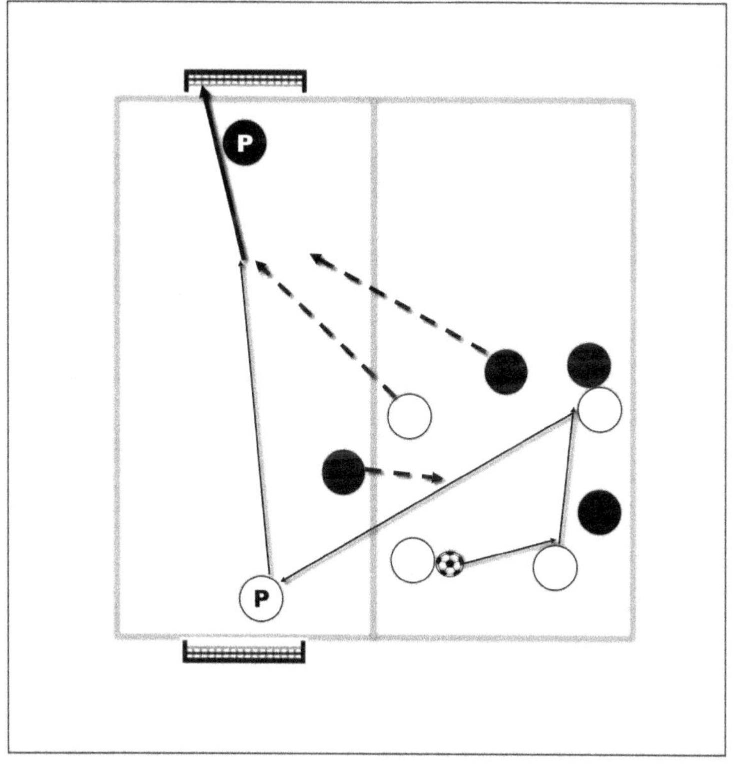

Tarea N° 48	Objetivo Principal	Mejora del concepto atraer para pasar
	Jugadores	14 (P+6x6+P)

Explicación

En un rectángulo dividido en tres campos iguales, los equipos se colocarán en la disposición de la imagen. Los jugadores sólo pueden cambiar de campo para defender. Cada equipo intentará atraer jugadores de la zona cercana para pasar a los compañeros que vayan quedando libres mas adelantados y atacar la portería contraria. Cuando un equipo recupera cambian los roles.

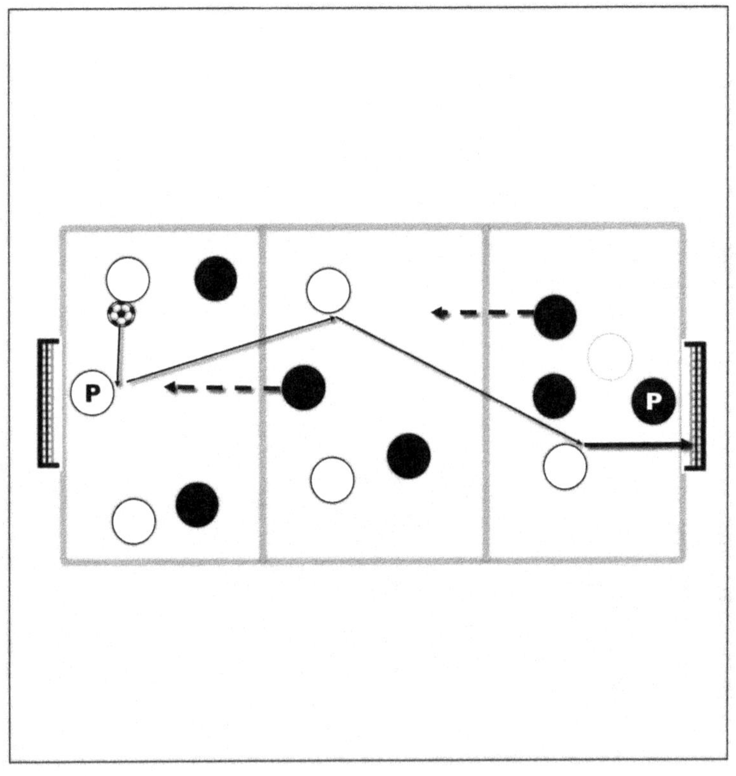

Tarea N° 49	Objetivo Principal	Mejora del concepto de atraer para pasar.
	Jugadores	8 (P+3x3+P)

Explicación

Los jugadores y el campo distribuidos como en la imagen. El equipo que defiende puede cambiar de zona y en el que tiene el balón solo lo podrá hacer el portero. Intentarán atraer a los rivales que siempre presionarán el balón y pasar al jugador libre de otra zona para hacer gol.

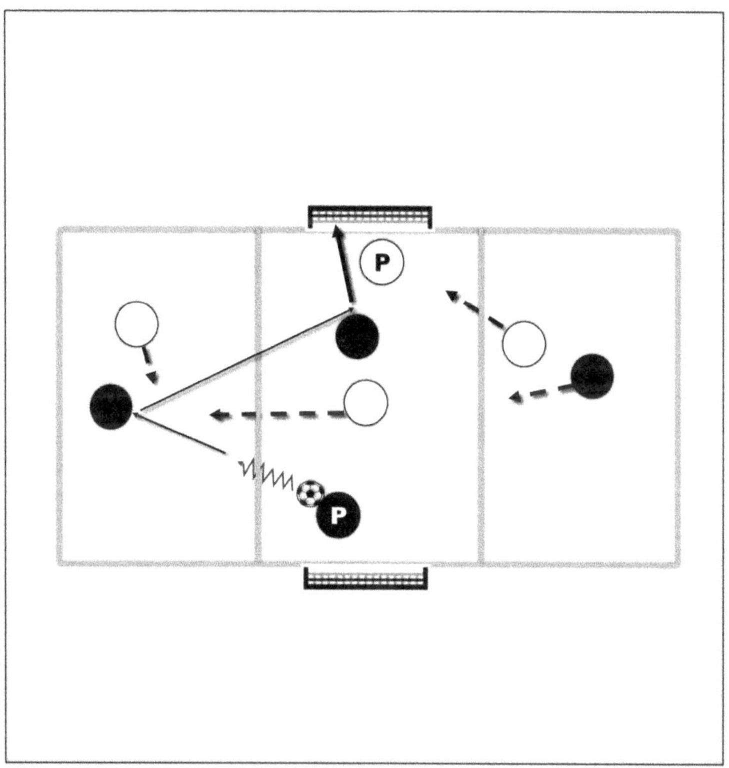

Tarea N° 50	Objetivo Principal	Mejora del concepto de atraer para pasar
	Jugadores	8 (P+3x3+P)

Explicación

Los jugadores distribuidos como en la imagen, el portero tendrá que provocar a los rivales acercándose a la portería contraria y generar situaciones de 2 contra uno o atraer a los jugadores del equipo contrario para pasar al jugador que quede libre para avanzar y hacer gol. Si el rival roba intenta hacer gol y cambian los roles.

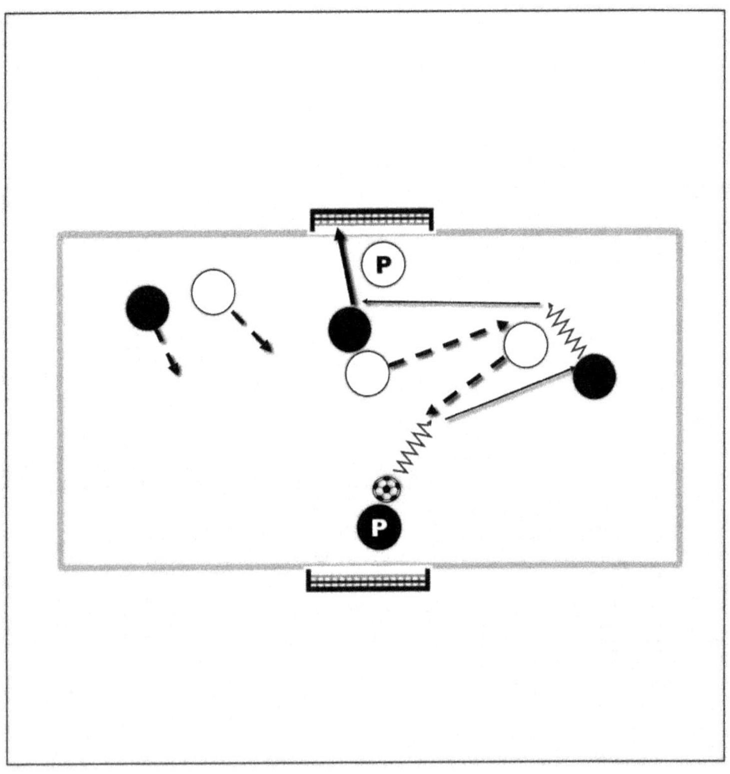

Tarea N° 51	Objetivo Principal	Mejora del concepto de atraer para pasar
	Jugadores	22

Explicación

Partido con el campo dividido como en la imagen y los jugadores igualmente distribuidos. El equipo que inicia el juego atraerá rivales a la zona en la que esté el balón para pasar a los más adelantados (los jugadores del equipo sin balón no podrán volver a las zonas una vez que las abandonen y llegue allí el balón). Cuando el balón llegue a la última zona todos los de la anterior podrán incorporarse al ataque para provocar situaciones de superioridad.

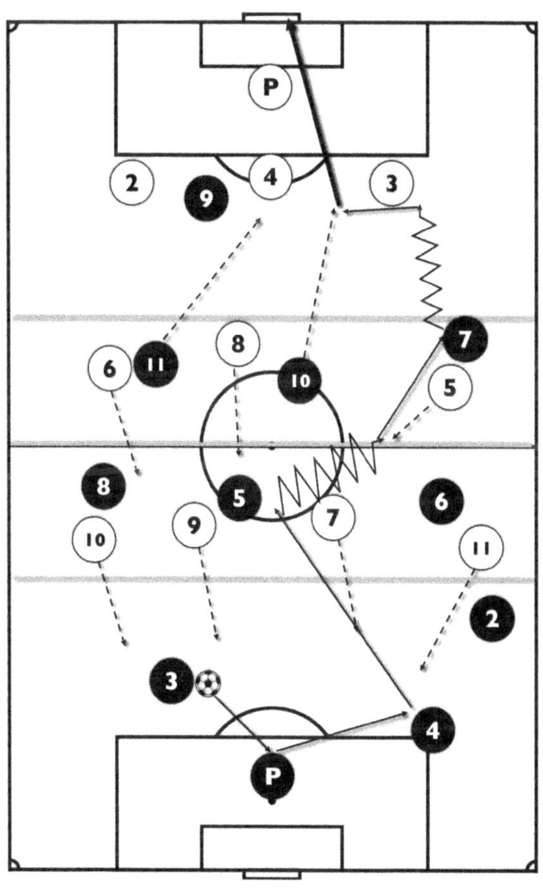

Tarea N° 52	Objetivo Principal	Mejora de la presión tras pérdida
	Jugadores	3

Explicación

En la disposición de la imagen. Juegan 2 contra 1 en un cuadrado y cuando roba el balón los dos jugadores que lo tenían presionan al que robó para que no abandone el cuadrado y seguir pasando.

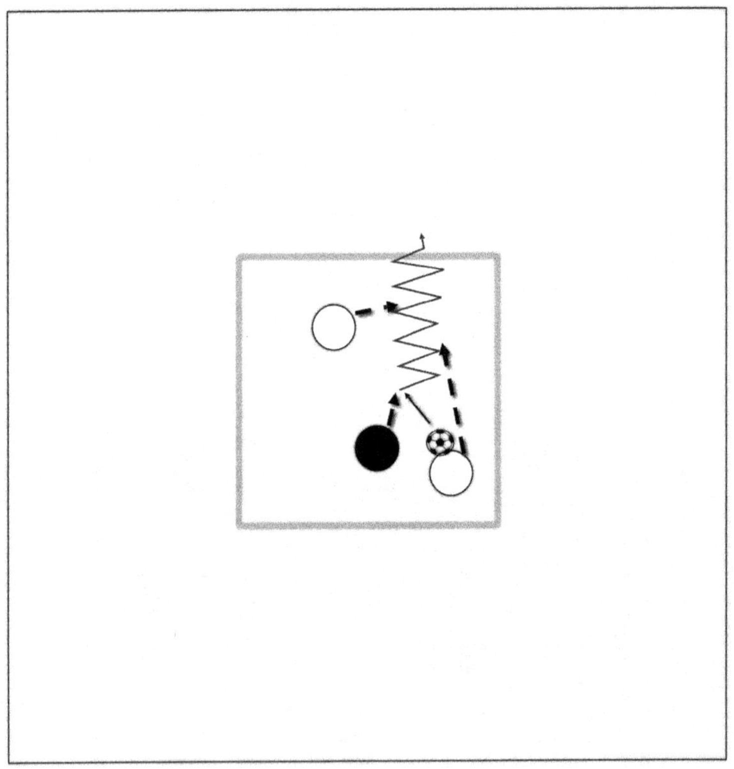

Tarea N° 53	Objetivo Principal	Mejora de la presión tras pérdida
	Jugadores	20

Explicación

Dentro del área los jugadores se pasan el balón por parejas y 4 jugadores presionan para robar, cuando un jugador roba un balón, el último que tocó el balón y lo perdió va a presionar al otro cuadrado a robar un balón. Al jugador que se lo robe irá al área a presionar a alguna pareja para robar el balón.

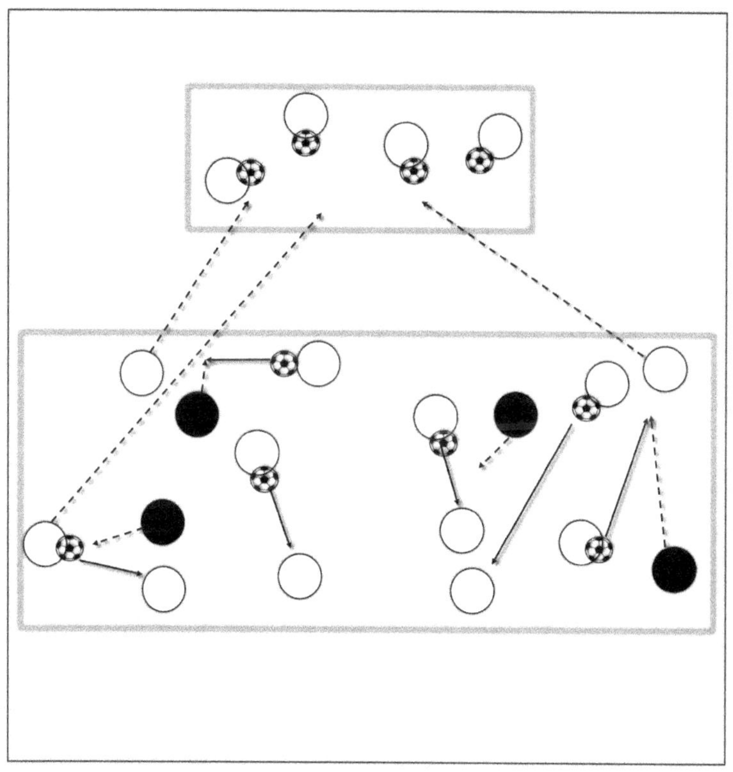

Tarea N° 54	Objetivo Principal	Mejora de la presión tras pérdida
	Jugadores	15 (6+3x6)

Explicación

En un hexágono se juega 6+3 contra 6 en la disposición de la imagen. Los que tienen la pelota y están por fuera pasan el balón junto con los del centro (equipo negro) y los 7 que están entre ellos (equipo blanco) intentan anticipar o interceptar el balón. Si roba el balón el equipo blanco, el equipo negro entrará a presionar para recuperar el balón.

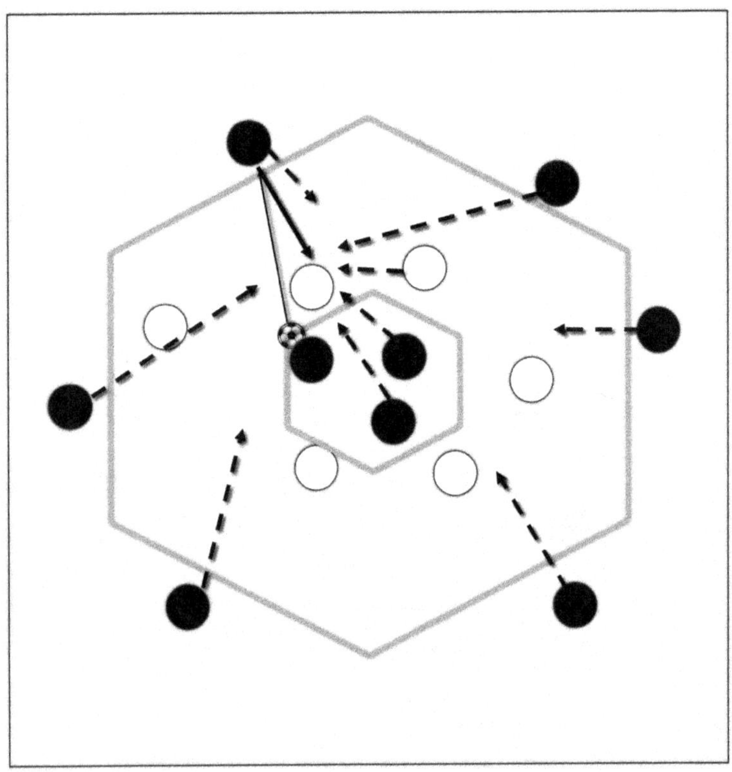

Tarea N° 55	Objetivo Principal	Mejora de la presión tras pérdida
	Jugadores	10 (5x5)

Explicación

Juegan 5 contra 5 con marcas individuales. Cuando pierdan el balón deberán presionar cada uno a su marca.

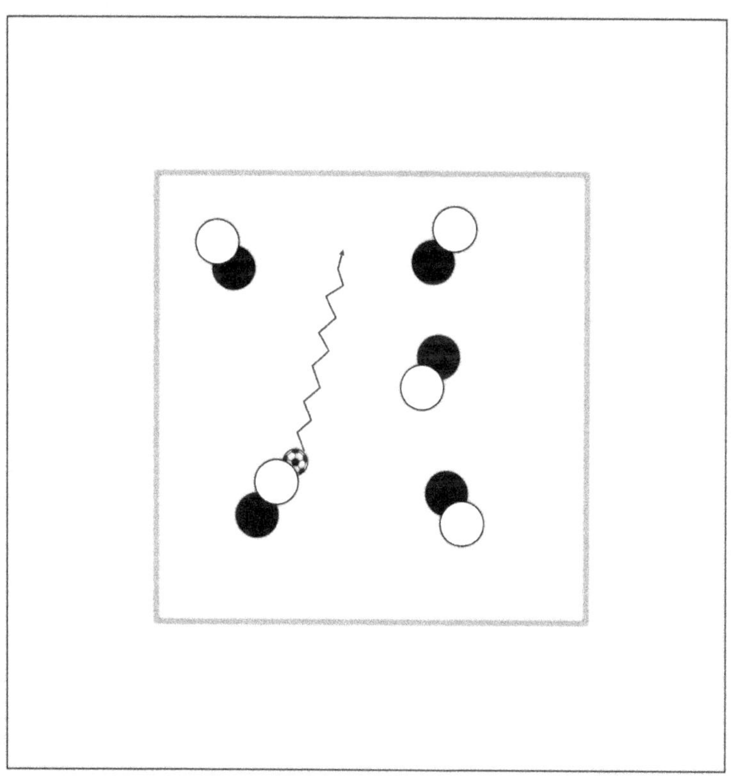

Tarea N° 56	Objetivo Principal	Mejora de la presión tras pérdida
	Jugadores	14 (7x7)

Explicación

El equipo poseedor (blanco) intenta mantener la posesión de balón en la superficie del cuadrado mayor, el equipo que no tiene balón (negro) tiene que robar el balón y cuando lo hace, el equipo que perdió intentará que no se meta en el cuadrado del centro presionando rápido.

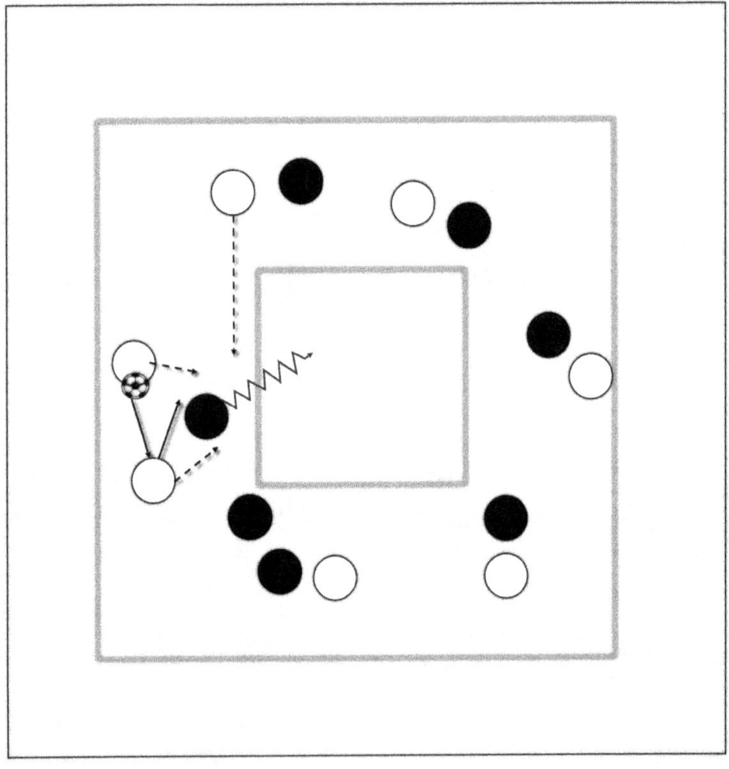

Tarea N° 57	Objetivo Principal	Mejora de la presión tras pérdida
	Jugadores	14 (7x7)

Explicación

El equipo poseedor (blanco) intenta mantener la posesión de balón en la superficie del cuadrado mayor, el equipo que no tiene balón (negro) tiene que robar el balón y cuando lo hace, el equipo que perdió presionará para que no juegue el balón con un compañero que se meterá en el cuadrado pequeño para recibir el balón.

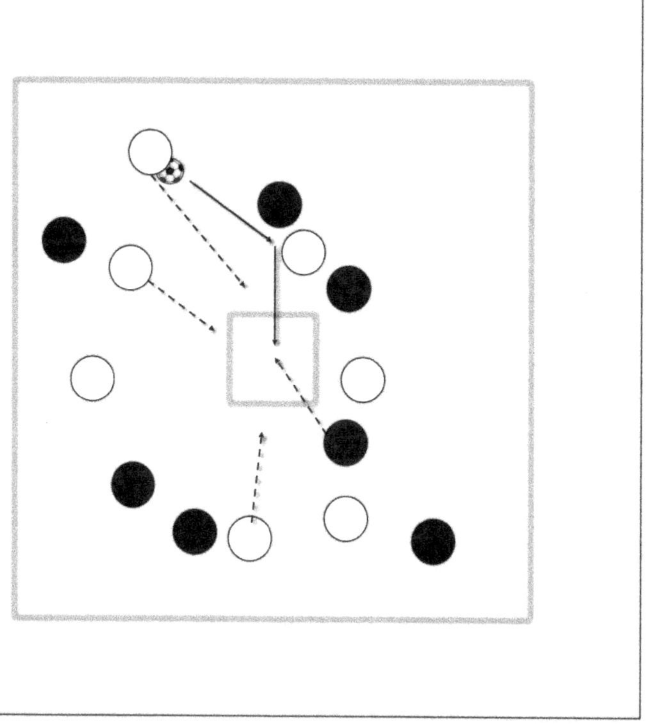

Tarea N° 58	Objetivo Principal	Mejora de la presión tras pérdida
	Jugadores	8 (4x4)

Explicación

Los jugadores del equipo negro cada uno en un cuadrado y los del equipo blanco sobre las líneas divisorias se pasarán el balón. Cuando el equipo negro recupere, los blancos irán hacia el poseedor de balón para presionarlo y recuperar.

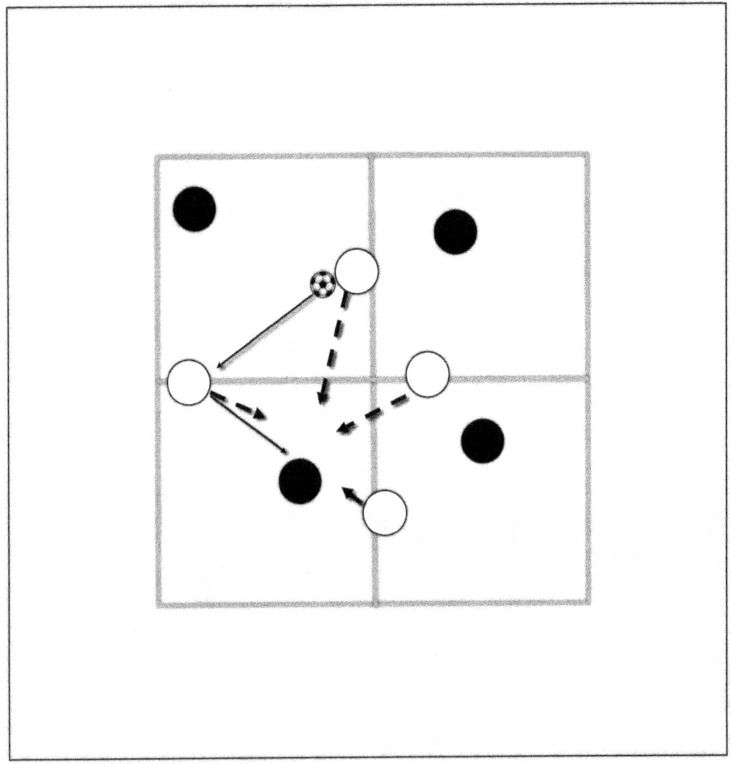

Tarea N° 59	Objetivo Principal	Mejora de la presión tras pérdida
	Jugadores	22

Explicación

En la disposición de la imagen. Pasan 4 contra 2 en cada cuadrado (menos en uno que pasan el balón entre ellos mientras llegan de otro cuadrado a presionarles). Cuando roban o sale el balón, los dos últimos en tocar el balón irán a robar al cuadrado que no tenga nadie robando y los que robaron asumirán el rol de los que mantenían.

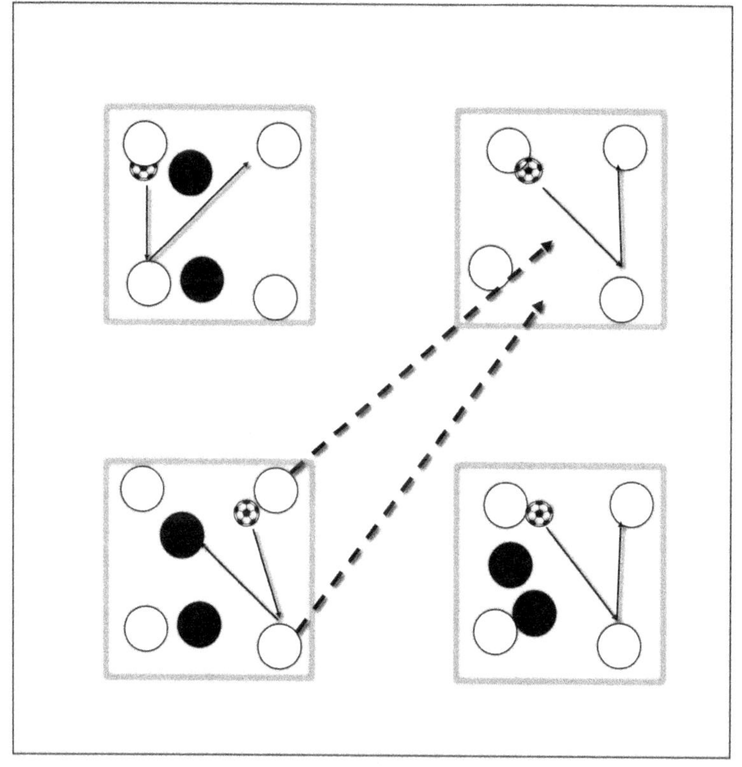

Tarea N° 60	Objetivo Principal	Mejora de la presión tras pérdida
	Jugadores	11 (5x5+P)

Explicación

Jugarán 5 contra 5 con un portero en una portería abierta (el gol es válido por los dos lados de la portería) en el interior del cuadrado. Cuando un equipo recupera el balón, el equipo que perdió presionará rápido para recuperar el balón y que no puedan hacer gol en la portería.

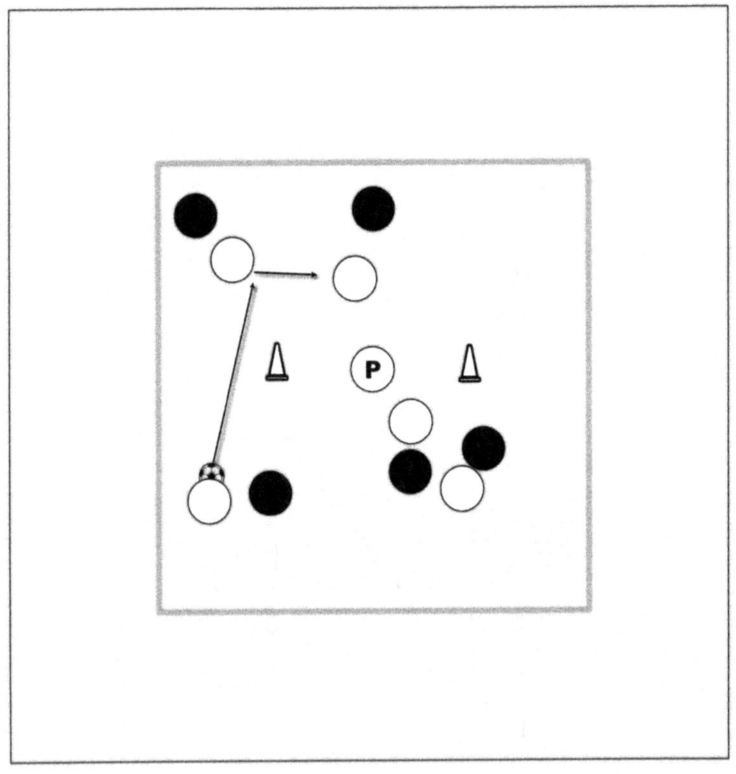

Tarea N° 61	Objetivo Principal	Mejora de la presión tras pérdida
	Jugadores	11 (5x5+P)

Explicación

Jugarán 5 contra 5 con un portero en una portería. Cuando un equipo recupera el balón, el equipo que perdió presionará rápido para recuperar el balón y que no puedan hacer gol en la portería.

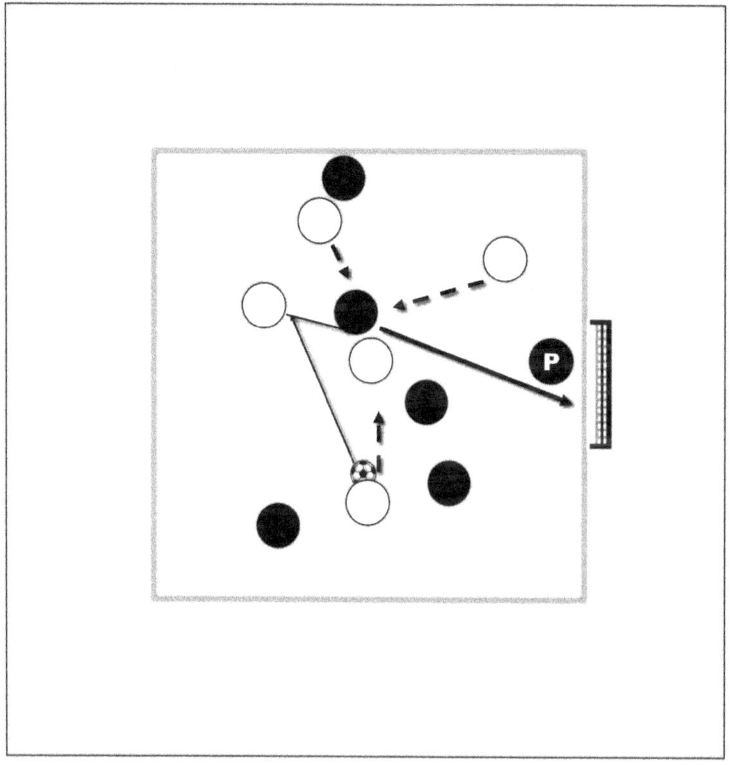

Tarea N° 62	Objetivo Principal	Mejora de la presión tras pérdida
	Jugadores	10 (3x3x3+P)

Explicación

Tres equipos de tres jugadores cada uno, atacan negro contra blanco como en la imagen. Si tiran a portería, sale el balón o recupera el equipo que presionaba (blanco) y pasa al tercer equipo situado en el centro (amarillo), saldrá a atacar y tendrá que presionarle el que atacó en un principio (negro). El equipo que presionó en primera instancia (blanco), cuando entra a jugar el tercer equipo (amarillo), se va al centro del campo para atacar cuando finalicen.

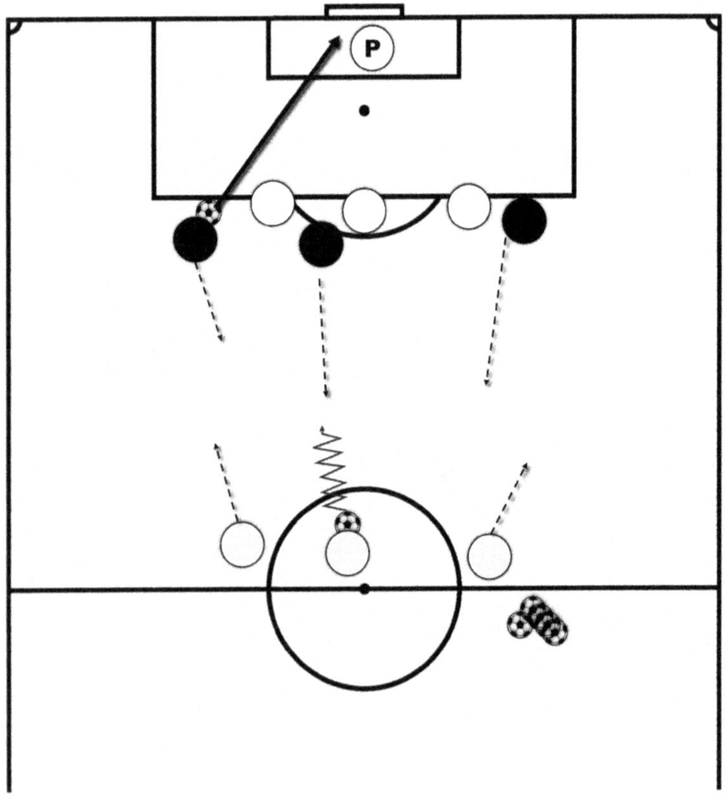

Tarea N° 63	Objetivo Principal	Mejora de la presión tras pérdida
	Jugadores	10 (4+Px4+P)

Explicación

En un rectángulo dividido en dos cuadrados, los jugadores se colocan en la disposición de la imagen. El equipo que no tiene el balón (negro) intenta quitar el balón, que no haga gol y llevárselo a la otra mitad. El otro equipo (blanco) cuando pierde el balón presiona para recuperar rápido y hacer gol en la portería.

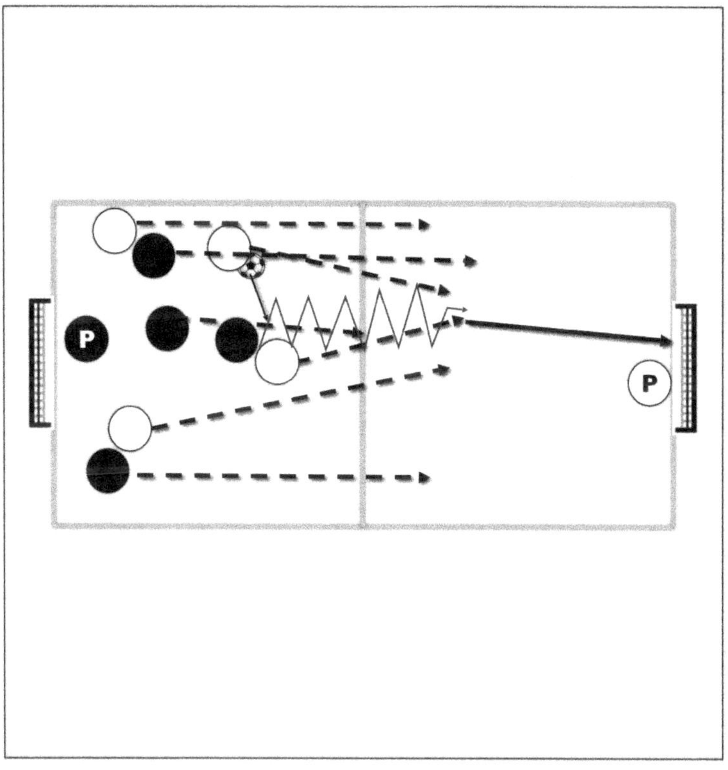

Tarea Nº 64	Objetivo Principal	Mejora de la presión tras pérdida
	Jugadores	(P+3x1+P+2)

Explicación

Atacan 3 contra 1 y cuando tiran salen 2 jugadores de la línea de fondo para atacar la portería alejada junto con el jugador que defendía y los que atacaban presionarán para recuperar después del tiro.

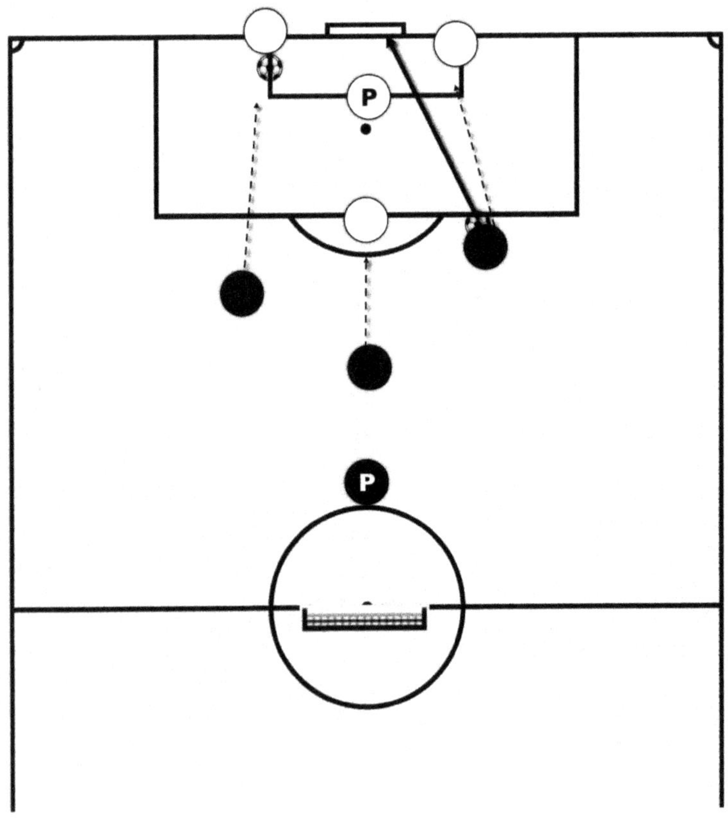

Tarea N° 65	Objetivo Principal	Mejora de la presión tras pérdida
	Jugadores	22 (10+Px10+P)

Explicación

Partido en el que los dos equipos presionarán con marcas individuales al equipo contrario por todo el campo cada vez que se produzca una pérdida de balón.

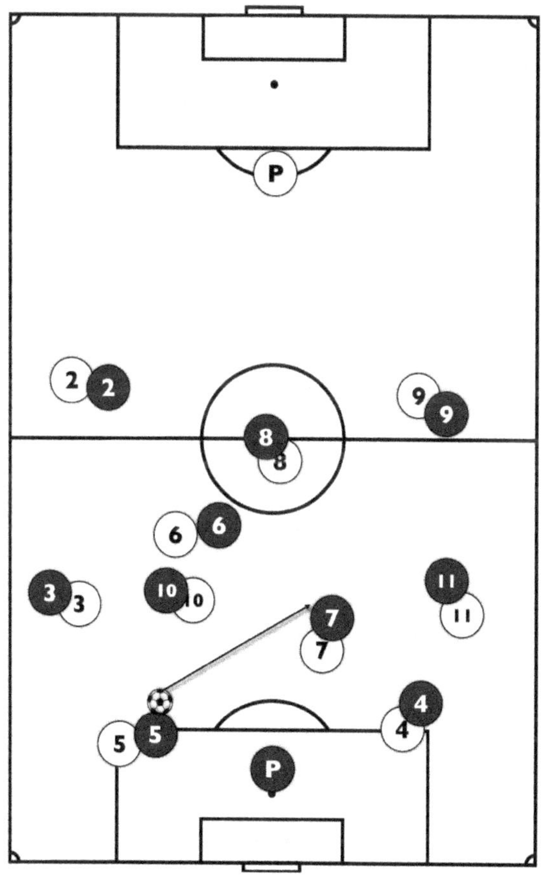

Tarea N° 66	Objetivo Principal	Mejora del acoso
	Jugadores	6 (3x3)

Explicación

Los jugadores situados como en la imagen. Los jugadores del equipo blanco intentarán jugar con el jugador que está dentro del cuadrado para que juegue con el jugador que está al otro lado del cuadrado. El jugador de dentro y los de fuera serán acosados por un jugador del equipo contrario para que no pueda jugar con facilidad o robarle el balón. Si un equipo recupera cambiarán los roles.

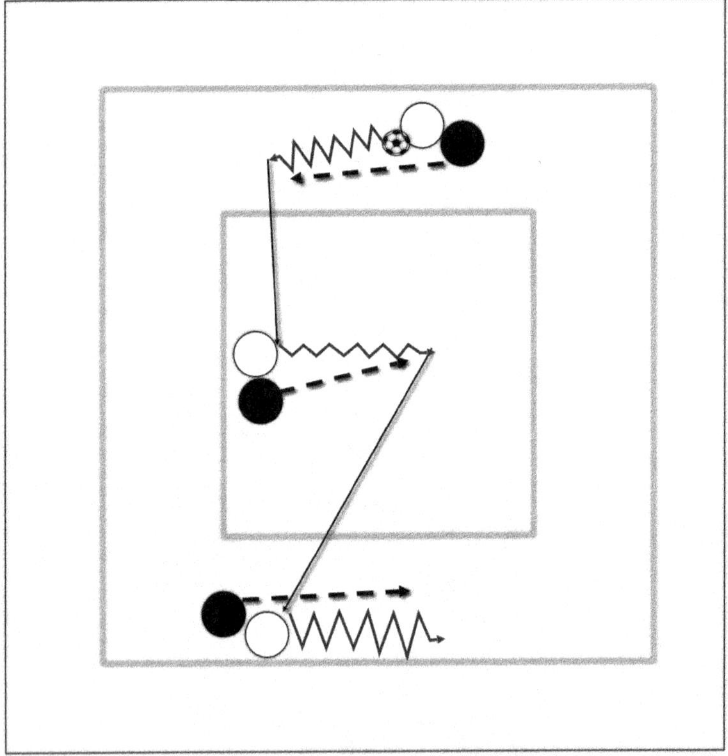

Tarea N° 67	Objetivo Principal	Mejora del acoso
	Jugadores	8 (4x4)

Explicación

Los jugadores situados como en la imagen. Los jugadores del equipo blanco intentarán entrar en el cuadrado y los del equipo negro abandonarán su lado del cuadrado para acosar a los jugadores que reciban para atravesar su lado. Una vez que los jugadores pasen el balón y desistan, los jugadores del equipo negro volverán a su lado. Si recupera el equipo negro cambiarán los roles.

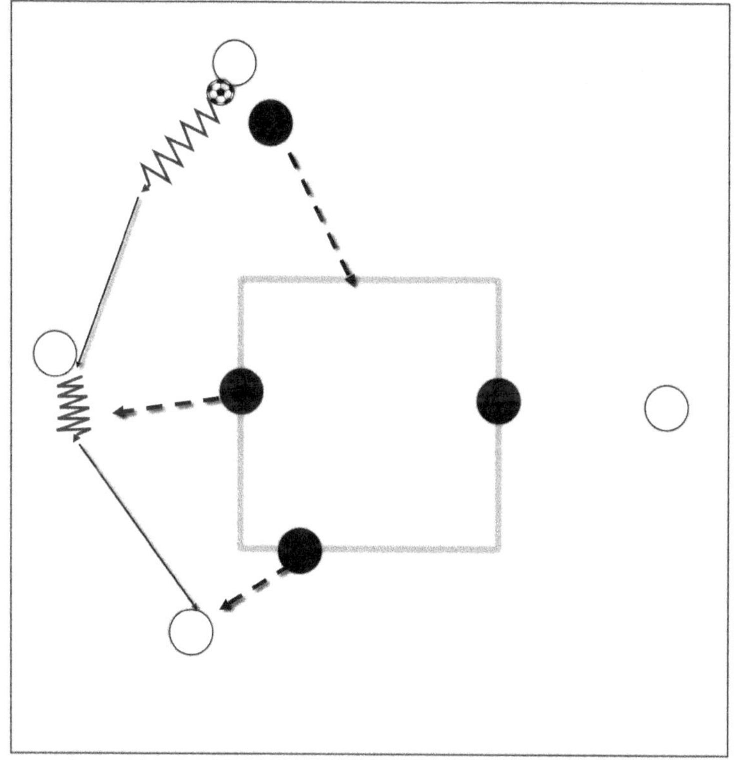

Tarea N° 68	Objetivo Principal	Mejora del acoso
	Jugadores	3

Explicación

Los jugadores situados como en la imagen. Los jugadores del equipo blanco intentarán atravesar hasta la zona donde está su compañero conduciendo el balón. El jugador del equipo negro acosará al que lo intente para robarle el balón o que desista, pase al otro jugador para que lo intente y vuelva hasta la zona desde donde inició.

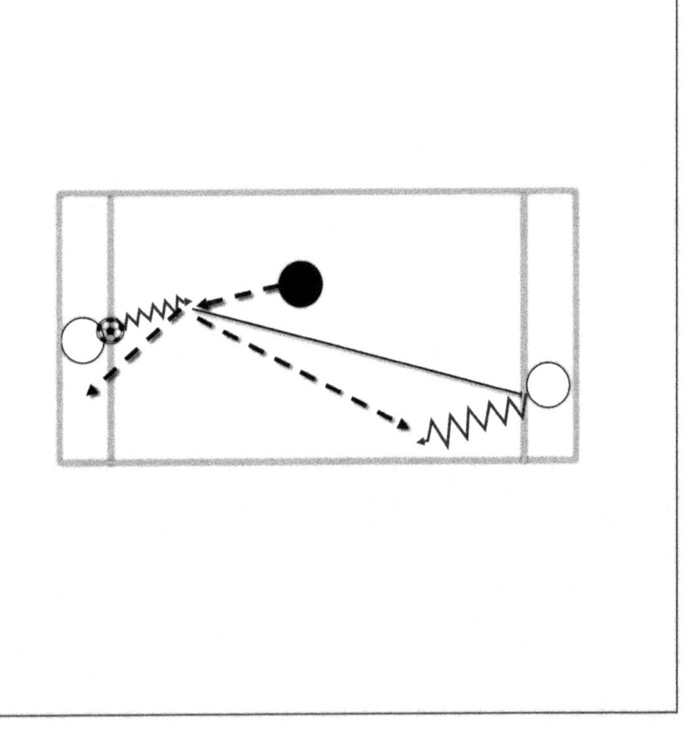

Tarea N° 69	Objetivo Principal	Mejora del acoso
	Jugadores	7

Explicación

Los jugadores distribuidos como en la imagen. Los jugadores del equipo blanco intentarán salir del cuadrado conduciendo el balón cuando les llegue a su cuadrado. Los jugadores del equipo negro acosarán al de su cuadrado cuando reciba para que pase y no pueda atacar a la portería. Si un jugador del equipo blanco sale, los tres jugadores negros podrán presionarle para recuperar. Si roba el equipo negro cambiarán los roles.

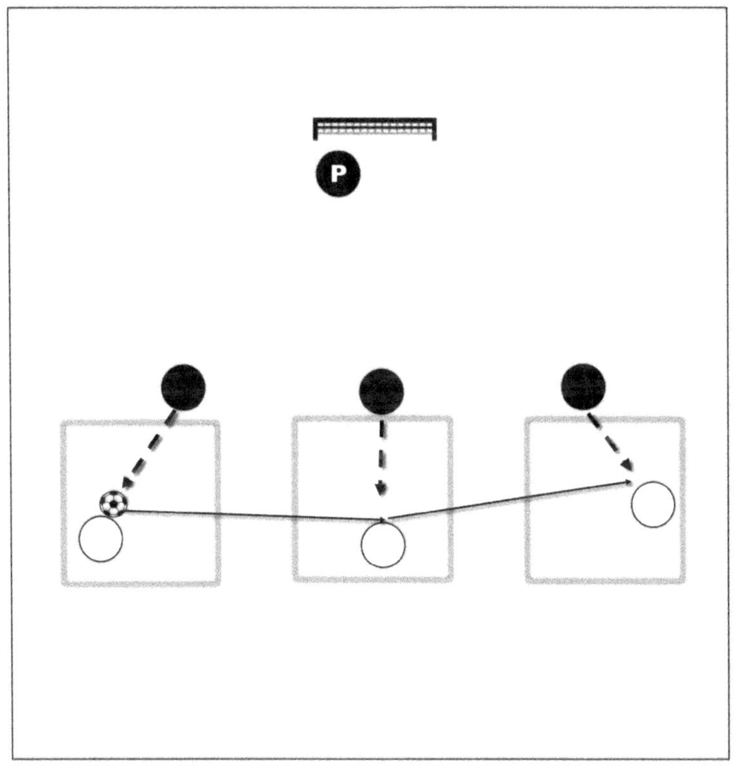

Tarea N° 70	Objetivo Principal	Mejora del acoso
	Jugadores	16 (8x8)

Explicación

En un rectángulo dividido en ocho partes iguales distribuidos los jugadores como en la imagen (dos en cada cuadrado, uno de cada equipo). Los jugadores de cada equipo intentarán mantener la posesión del balón, no podrán salir de si zona y acosarán a su adversario dentro de la zona cuando reciba para recuperar o que falle en el pase a sus compañeros y propiciar la recuperación.

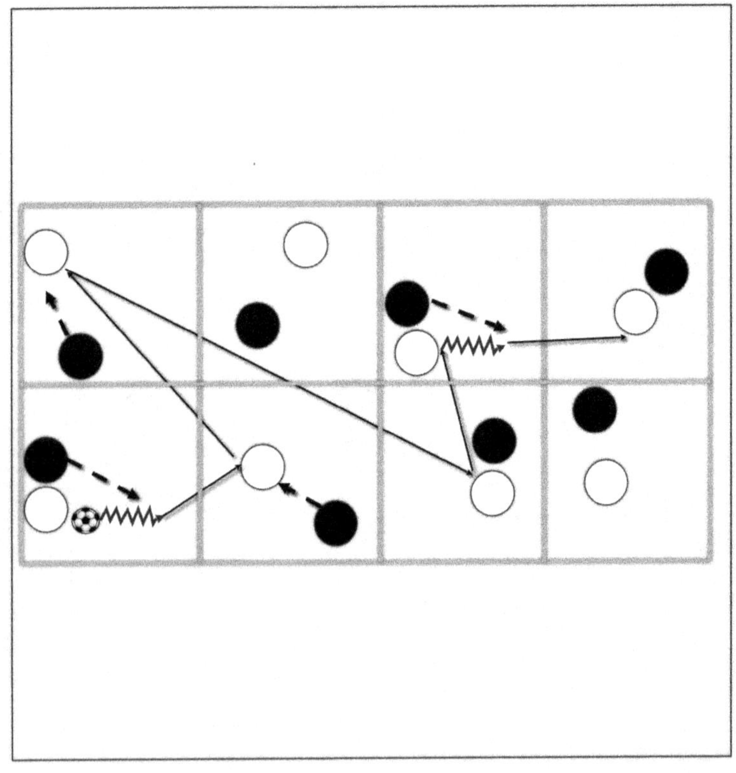

Tarea N° 71	Objetivo Principal	Mejora del acoso
	Jugadores	20 (9+1x1x9)

Explicación

Los equipos distribuidos por la zona delimitada y un solo jugador de cada equipo en el círculo central. Los equipos intentarán mantener la posesión de balón y sumarán un punto cada vez que jueguen con el jugador de su equipo situado en el círculo central y lo devuelva a los compañeros. El jugador del centro será acosado por el del otro equipo para que no pueda hacerlo con facilidad o quitarle el balón

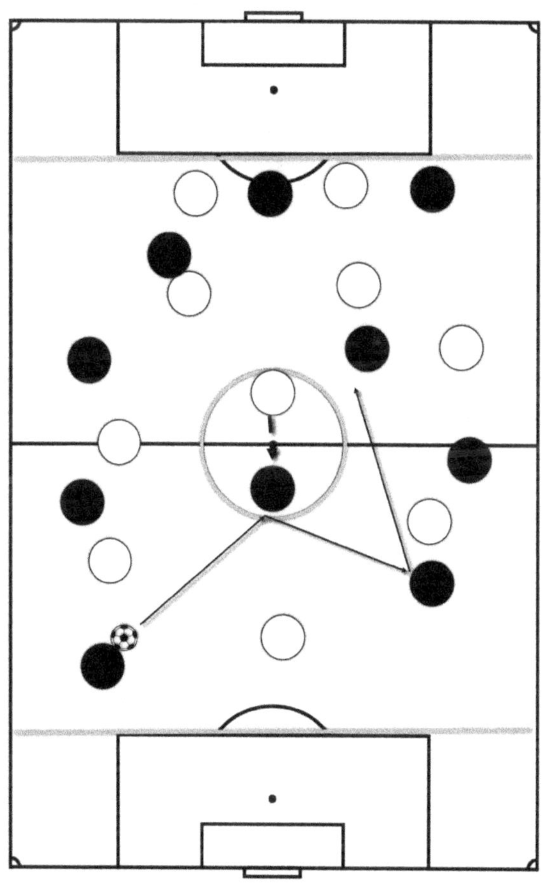

Tarea N° 72	Objetivo Principal	Mejora del acoso
	Jugadores	7 (3x1+2+P)

Explicación

Los jugadores distribuidos como en la imagen. Los jugadores del equipo blanco intentarán mantener el en el rectángulo acosados por un jugador que los obligará a salir. El jugador que salga tendrá que atacar a portería en situación de 1x2. Si roba el equipo negro o pierde el balón el equipo blanco cambiarán los roles.

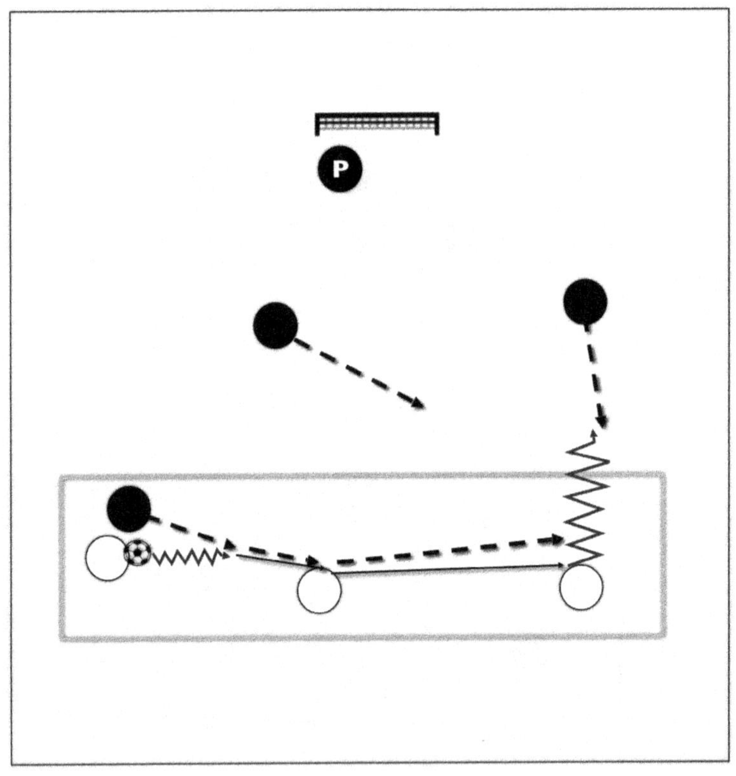

Tarea N° 73	Objetivo Principal	Mejora del acoso
	Jugadores	9 (P+4x4+P)

Explicación

Los jugadores y el campo distribuidos como en la imagen. En el equipo sin balón los jugadores sobre las intersecciones saldrán a acosar a los jugadores jugadores rivales cuando reciban para que pasen el balón o robárselo, cuando un jugador abandone una intersección se redistribuirán los compañeros para tenerlas todas ocupadas, mantener a los adversarios alejados y tener un orden defensivo. El equipo con balón intentará mover el balón, no perderlo y profundizar hasta el campo contrario para finalizar.

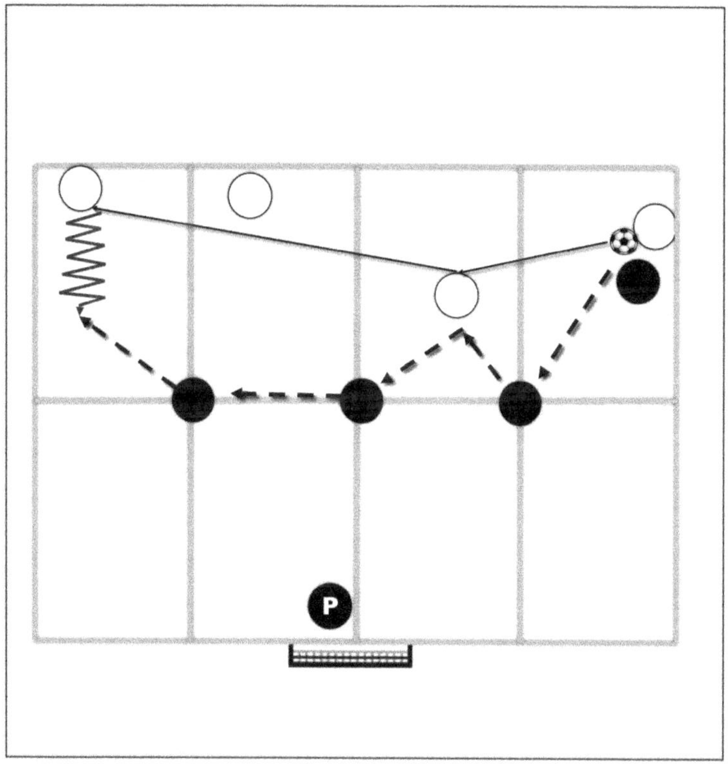

Tarea Nº 74	Objetivo Principal	Mejora del acoso
	Jugadores	8 (1+1+1+1x1+1+1+P)

Explicación

En un rectángulo dividido en tres campos iguales, los equipos se colocarán en la disposición de la imagen. El jugador del equipo blanco con balón intentará atravesar las distintas zonas para llegar a portería e intentar hacer gol y será acosado en cada una de las zonas por el jugador del equipo contrario para que desista y pase al compañero más retrasado, que si recibe cambiará el rol con el que le pasó e intentará atravesar la zona acosado por el jugador del equipo contrario.

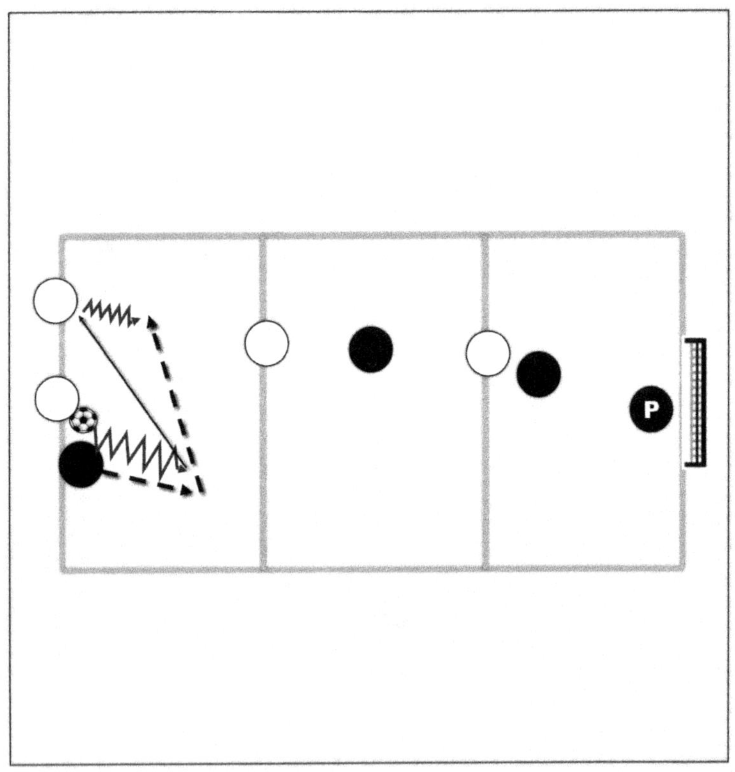

Tarea N° 75	Objetivo Principal	Mejora del acoso
	Jugadores	9 (3x1+1+1+C+2P)

Explicación

Los jugadores distribuidos como en la imagen. Los jugadores del equipo blanco intentarán mantener el balón en el rectángulo acosados por un jugador que los obligará a salir. El jugador que salga tendrá que atacar una de las porterías en situación de uno contra uno mas portero o volver a pasar el balón a los compañeros del rectángulo. Una vez que salga el jugador del rectángulo entrará el comodín que estaba sobre las lados para quedar dos contra dos dentro y que no pueda pasar a los compañeros el jugador que salió. Si roba el equipo negro o pierde el balón el equipo blanco cambiarán los roles.

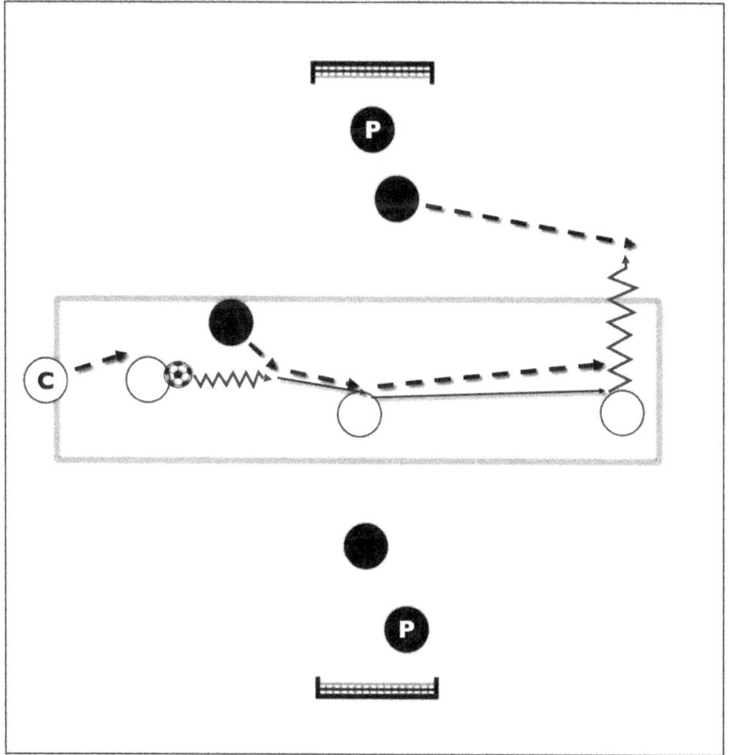

Tarea N° 76	Objetivo Principal	Mejora del concepto del hombre libre
	Jugadores	9 (4x4+C)

Explicación

Un equipo tiene el balón y provoca para que el rival entre a presionar al cuadrado. El equipo que está fuera se coordina para entrar a presionar y cuando lo hacen el equipo que tiene el balón pasa al comodín del otro cuadrado. Si entra un solo jugador dentro a presionar podrán pasar el balón al otro cuadrado. Cuando reciba el comodín. Les dejará allí el balón, se irá al otro cuadrado y de nuevo el otro equipo tendrá que entrar a presionar en el otro cuadrado y ellos encontrar al jugador libre. Si roban o interceptan el balón cambiarán los roles.

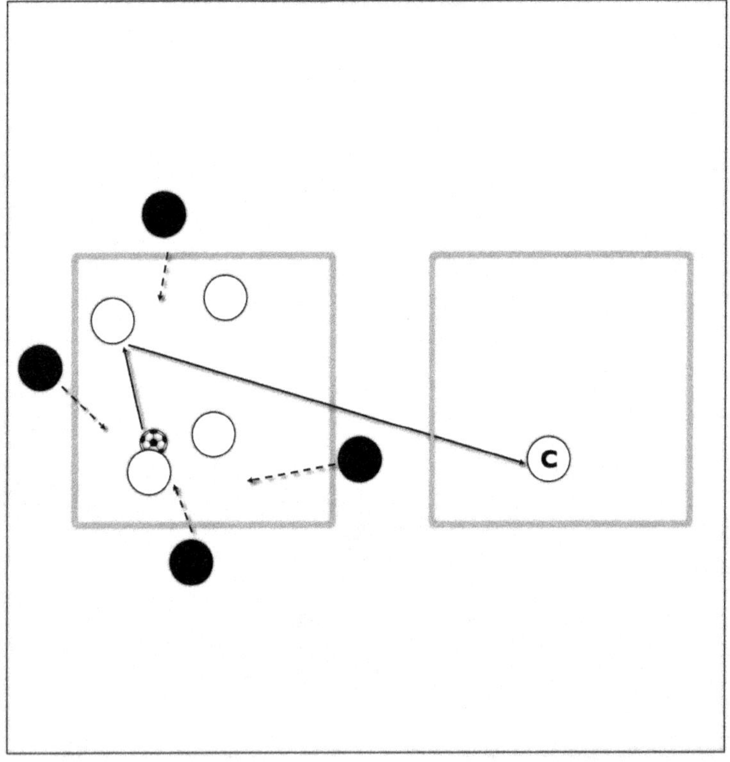

Tarea N° 77	Objetivo Principal	Mejora del concepto del hombre libre
	Jugadores	10 (4x4+2)

Explicación

Los jugadores distribuidos como en la imagen. El equipo blanco tiene el balón con los comodines buscando siempre al jugador que está libre para recibir. El equipo negro cuando roba, tiene que jugar rápido con algún comodín para colocarse en la zona de los ángulos y el equipo blanco presionará para recuperar y volver a su rol.

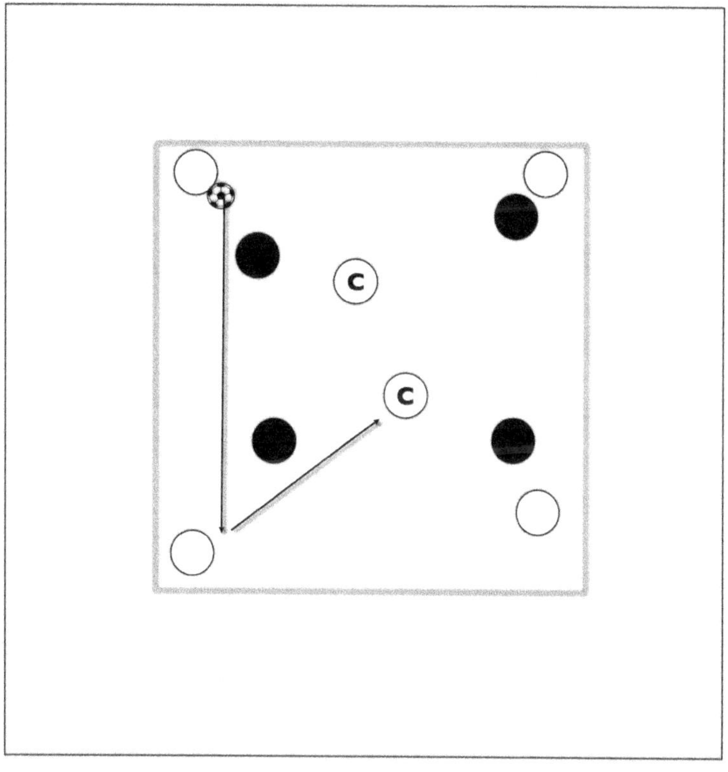

Tarea N° 78	Objetivo Principal	Mejora del concepto del hombre libre
	Jugadores	9 (4x4+1)

Explicación

Los equipos situados como en la imagen. El equipo que está por fuera intentará mantener la posesión de balón con el comodín, pasando al jugador que se encuentre libre. Si el equipo blanco roba, cambiará el rol con el equipo negro y podrá jugar con el comodín.

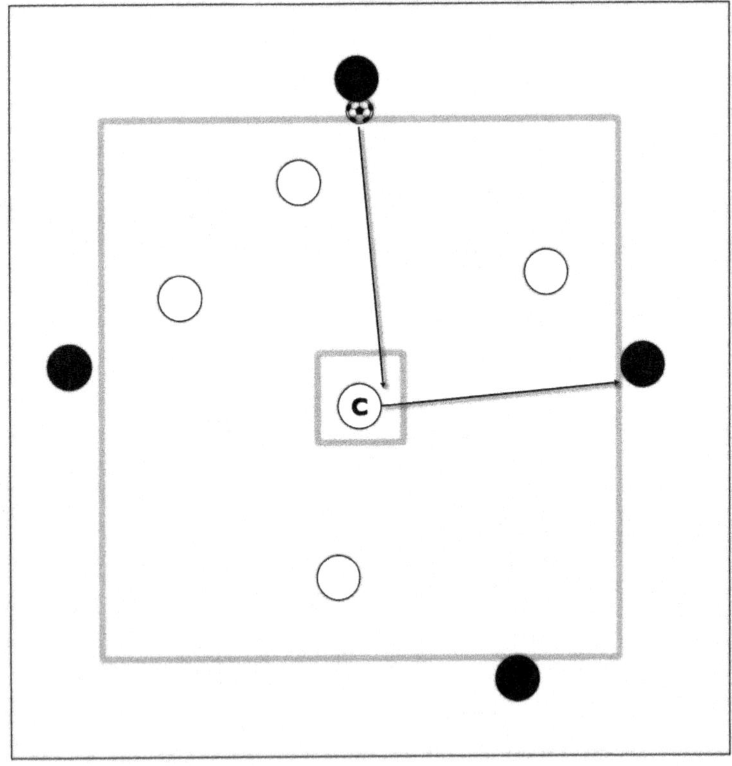

Tarea N° 79	Objetivo Principal	Mejora del concepto del hombre libre
	Jugadores	16 (6x6+4C)

Explicación

En un rectángulo dividido en tres campos iguales, los equipos se colocarán en la disposición de la imagen. No pudiendo abandonar los jugadores su zona, pudiendo cambiar el balón de una a otra para mantener la posesión. Los comodines participarán con el equipo poseedor del balón.

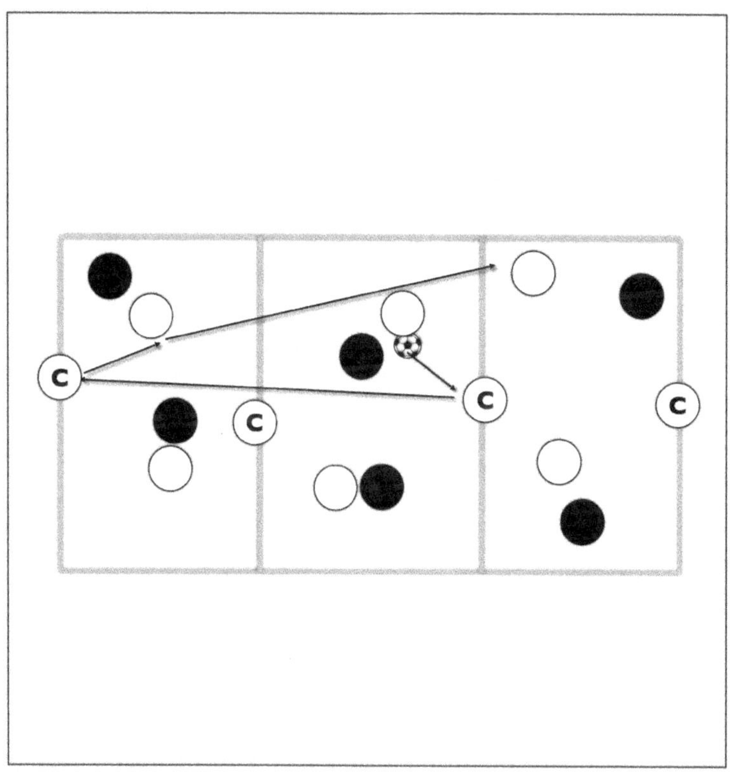

Tarea Nº 80	Objetivo Principal	Mejora del concepto del hombre libre
	Jugadores	9 (4x4+C)

Explicación

Los jugadores distribuidos como en la imagen. Los jugadores del equipo blanco podrán presionar y tendrán libertad de movimientos hasta que recuperen. Los jugadores del equipo negro cada uno en un cuadrado no podrán salir y apoyados por el comodín mantendrán la posesión del balón buscando al jugador libre. Cuando pierdan el balón cambiarán los roles.

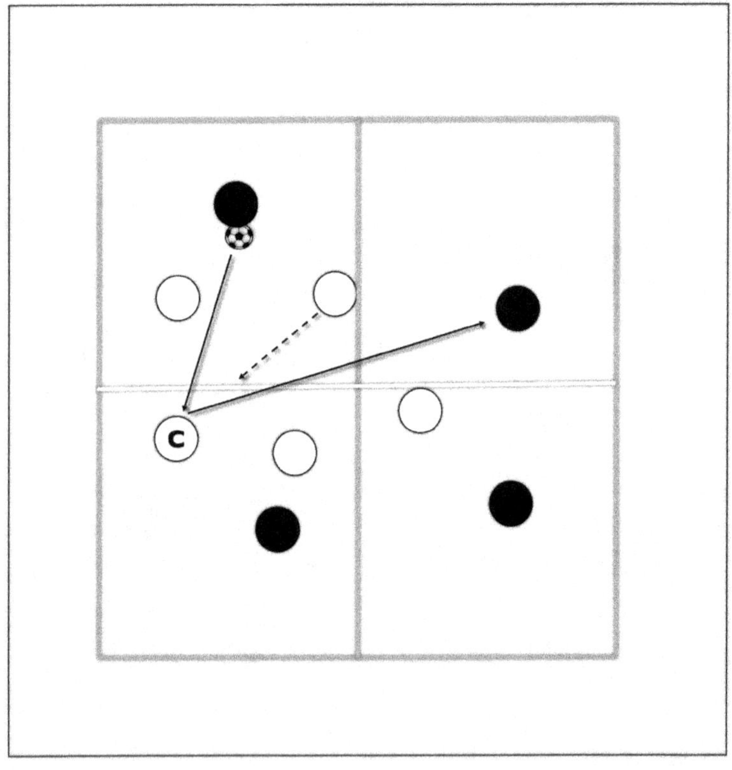

Tarea N° 81	Objetivo Principal	Mejora del concepto del hombre libre
	Jugadores	15 (7x7+C)

Explicación

En un rectángulo dividido en dos cuadrados, con un pasillo central, el comodín se sitúa en el pasillo y los equipos se reparten 4 contra 3 en cada cuadrado. Cada vez que un equipo recupera, tiene que pasar a sus compañeros de la otra mitad. El comodín intentará interceptar los pases para que el balón no salga de la mitad en la que se está jugando y el equipo que perdió presionará para que no salga del cuadrado el balón.

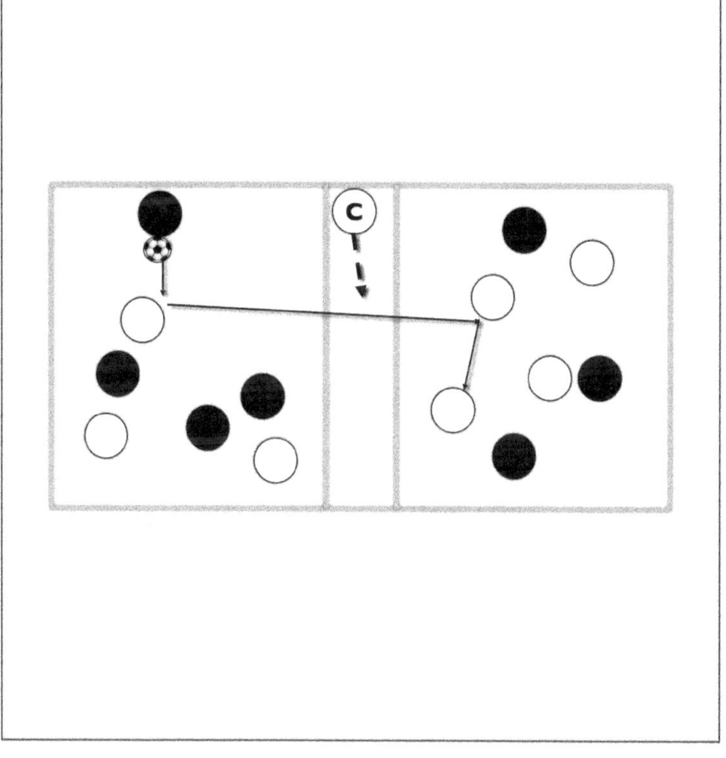

Tarea N° 82	Objetivo Principal	Mejora del concepto del hombre libre
	Jugadores	15 (5x5x5)

Explicación

En un rectángulo dividido en dos cuadrados, con un pasillo central, los equipos se distribuyen como en la imagen. Cuando el equipo negro pierde el balón el equipo blanco pasa a un compañero del pasillo central que pasa el equipo que estaba esperando en el otro cuadrado. El equipo que perdió el balón (negro) se situará como estaba el blanco para cuando recuperen (3 dentro para robar y dos en el pasillo) en el otro cuadrado. El equipo blanco quedará esperando como el tercer equipo al principio, para que cuando negro recupere, juegue de nuevo con blanco y venga a presionar el tercer equipo que se colocó como el equipo negro para mantener el balón.

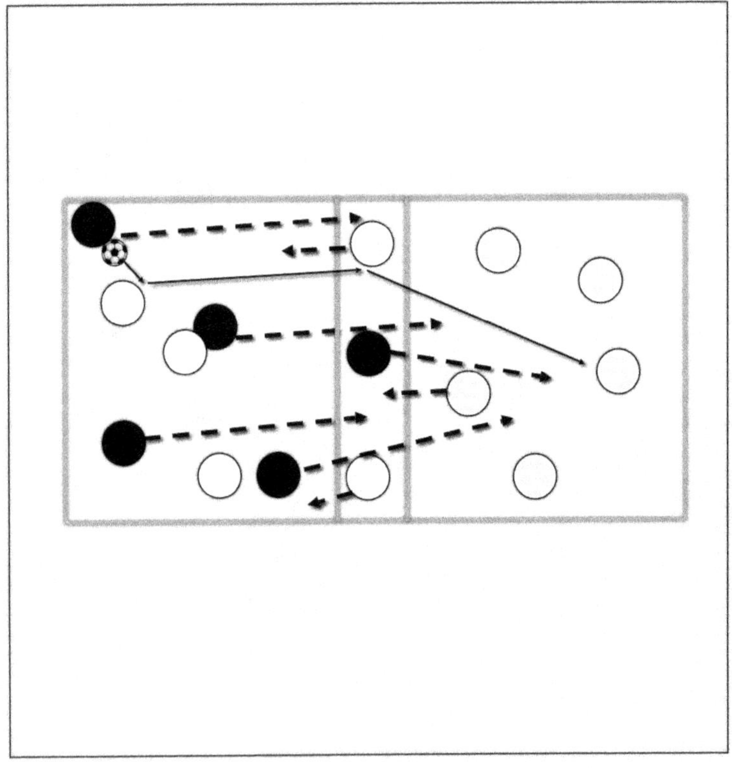

Tarea N° 83	Objetivo Principal	Mejora del concepto de hombre libre
	Jugadores	7 (P+1+2+1x2+P)

Explicación

Los jugadores distribuidos como en la imagen. Cuando el jugador recibe de un portero tiene que volverse y apoyarse en el compañero que queda libre para tirar a portería. Los 2 jugadores rivales, uno irá a presionarle y el otro a uno de los apoyos colocados en las esquinas. Los porteros alternarán para pasarle el balón y los jugadores no sabrán cual de ellos pasará para que pueda recibir y para que puedan presionar.

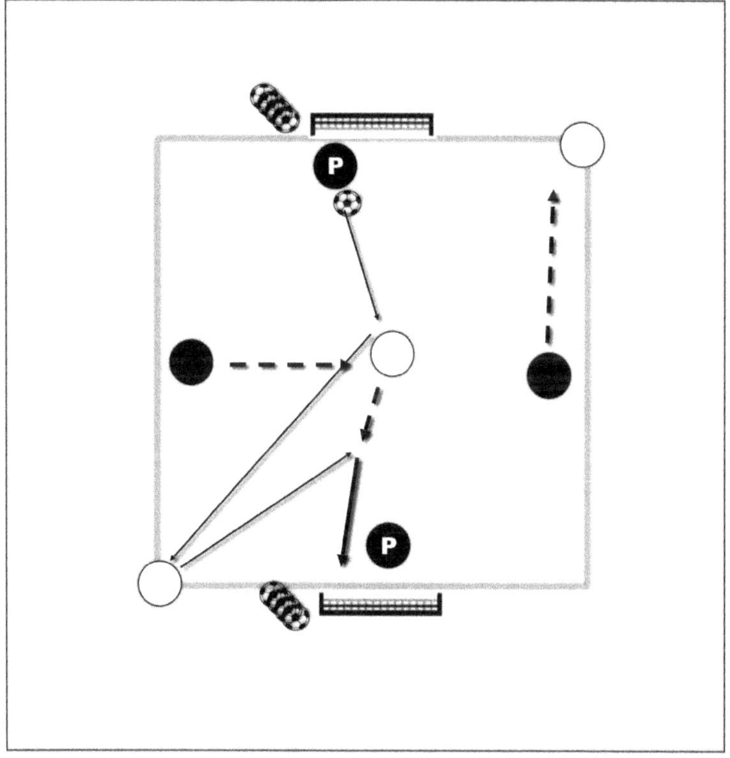

Tarea N° 84	Objetivo Principal	Mejora del concepto del hombre libre
	Jugadores	10 (P+1+3x3+1+P)

Explicación

En un rectángulo dividido en tres campos iguales, se colocarán tres jugadores de cada equipo en la división del centro y uno en la zona del portero rival. Cada equipo intentará jugar con el compañero adelantado para hacer gol.

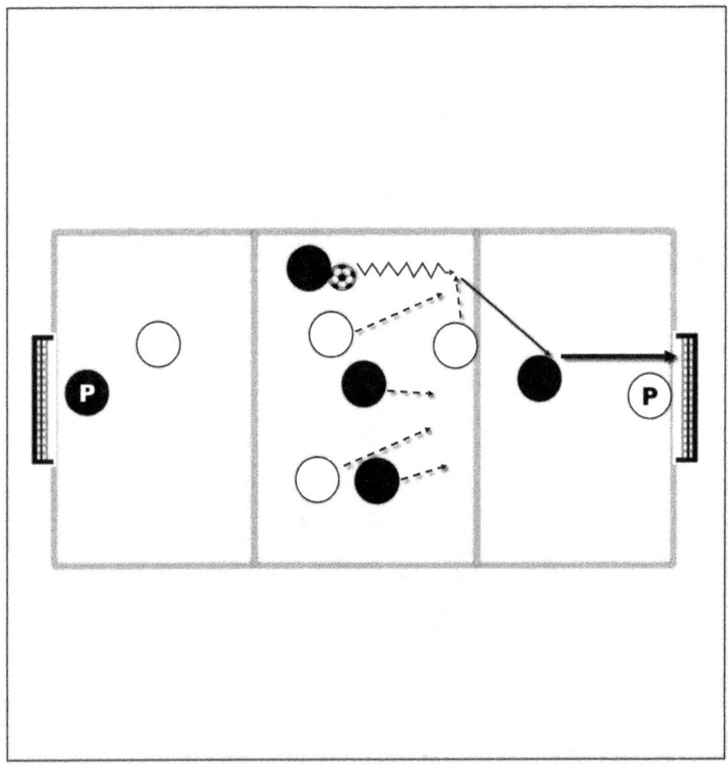

Tarea N° 85	Objetivo Principal	Mejora del concepto del hombre libre
	Jugadores	10 (1+P+3x4+P)

Explicación

En un cuadrado dividido en dos partes con dos porterías y porteros, dejando el equipo con balón solo un jugador en una mitad. Los equipos intentarán atraer a los rivales (que presionarán al balón) a una mitad de campo, pasarán al compañero libre y atacarán rápido hacia la portería cuando todos los rivales hayan pasado la mitad. Si un equipo recupera cambia el rol con el otro equipo.

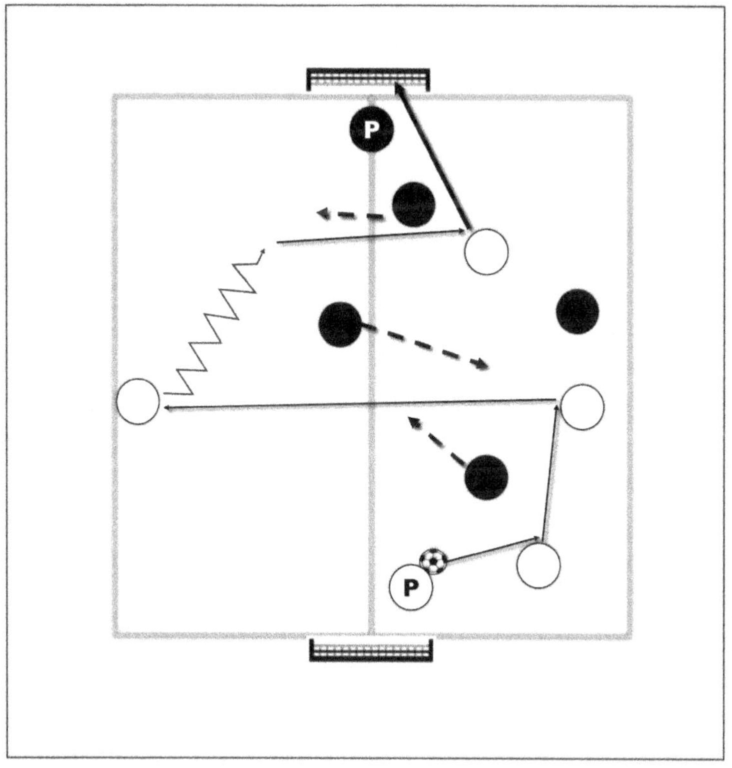

Tarea N° 86	Objetivo Principal	Mejora del concepto hombre libre
	Jugadores	14 (P+6x6+P)

Explicación

En un rectángulo dividido en tres campos iguales, los equipos se colocarán en la disposición de la imagen. Cada equipo intentará jugar con alguno de los jugadores que están en la zona cercana a la portería que atacan. Cuando estos reciban tendrán que pasar a alguno de sus compañeros de ataque y los defensores que estaban detrás de la línea de fondo saldrán a defender la acción y los que estaban en la zona central podrán entrar sólo para atacar.

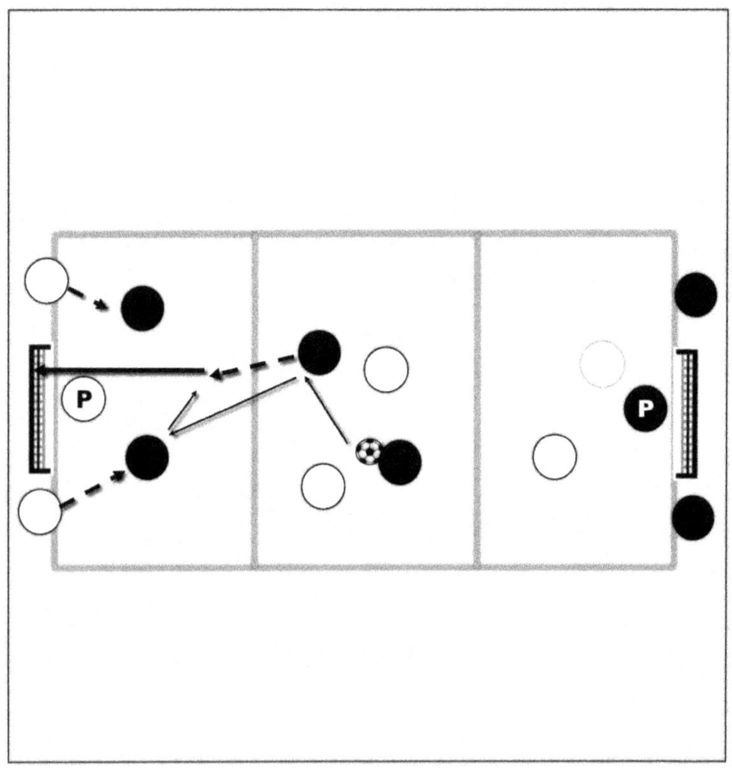

Tarea N° 87	Objetivo Principal	Mejora del concepto hombre libre
	Jugadores	8 (P+3x3+P)

Explicación

Los jugadores y el campo distribuidos como en la imagen. El equipo que defiende puede cambiar de zona y en el que tiene el balón solo lo podrá hacer el portero. Intentarán atraer y provocar para dejar un hombre libre y jugar con él para hacer gol.

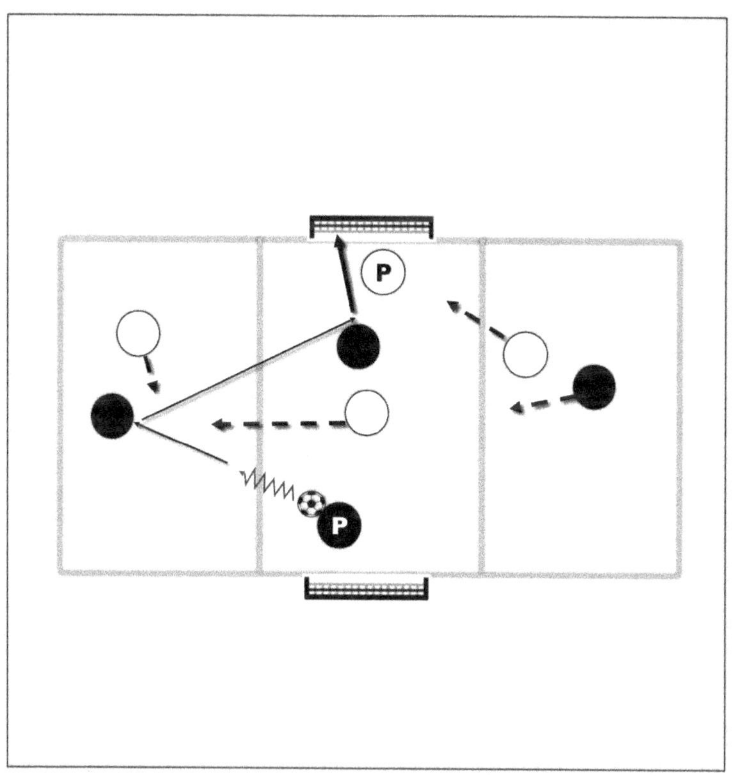

Tarea N° 88	Objetivo Principal	Mejora del concepto del hombre libre
	Jugadores	11

Explicación

Los jugadores se distribuyen como en la imagen. El equipo blanco intentará con una línea de 4 que el balón no llegue a los delanteros, que intentarán recibir por detrás de ella para finalizar. Cuando lo hagan serán presionados en el tiro. Si interceptan un pase la línea de 4 podrán hacer 2 contra 1 (+P) en las porterías del centro del campo.

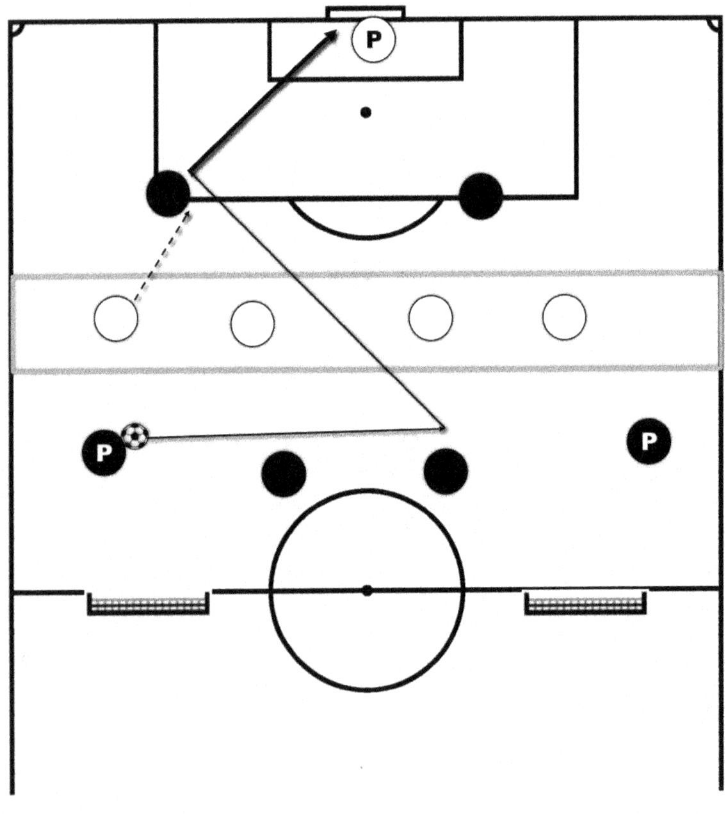

Tarea N° 89	Objetivo Principal	Mejora del concepto del hombre libre
	Jugadores	22 (P+3+7x7+3+P)

Explicación

Partido con con un pasillo central en campo propio para cada equipo (como en la imagen) en los que sólo pueden jugar los 3 jugadores del equipo poseedor del balón cuando tiene el balón su equipo Cuando un equipo no tiene el balón sólo pueden interceptar los pases del rival los del pasillo del otro equipo Los demás jugadores, tendrán libertad para moverse, pero nunca podrán tocar el balón en esos pasillos.

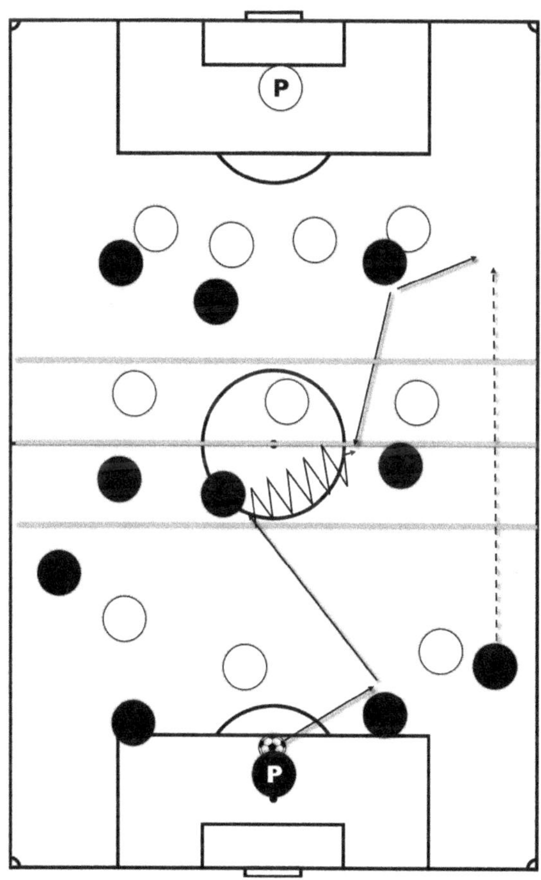

Tarea N° 90	Objetivo Principal	Mejora del concepto del tercer hombre
	Jugadores	11 (4x4+3)

Explicación

En un rectángulo y en la disposición de la imagen, juegan 4 contra 4 en con un comodín interno y dos externos. El equipo que está por fuera mantendrá la posesión de balón jugando con los comodines. Los comodines no podrán devolverle el balón al jugador que se la pasó. Si el equipo interior recupera, cambia el rol y con el exterior.

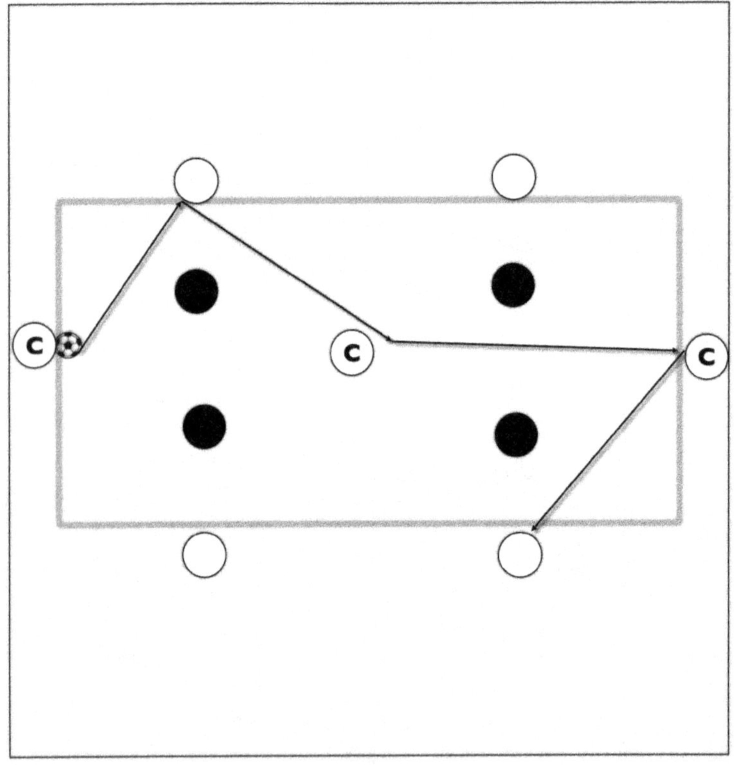

Tarea N° 91	Objetivo Principal	Mejora del concepto del tercer hombre
	Jugadores	10 (4+1x4+1)

Explicación

En un cuadrado dividido en dos partes un equipo tiene que mantener el balón en una mitad con un jugador de apoyo en la línea que no puede devolver al compañero que le pasó el balón. El otro equipo cuando recupera, juega con el compañero que estaba en la otra mitad, el que le pasó el balón, se colocará en la línea divisoria como apoyo y el jugador que perdió el balón se quedará a la espera (en la mitad donde partió) a que su equipo recupere en la otra mitad y juague con él.

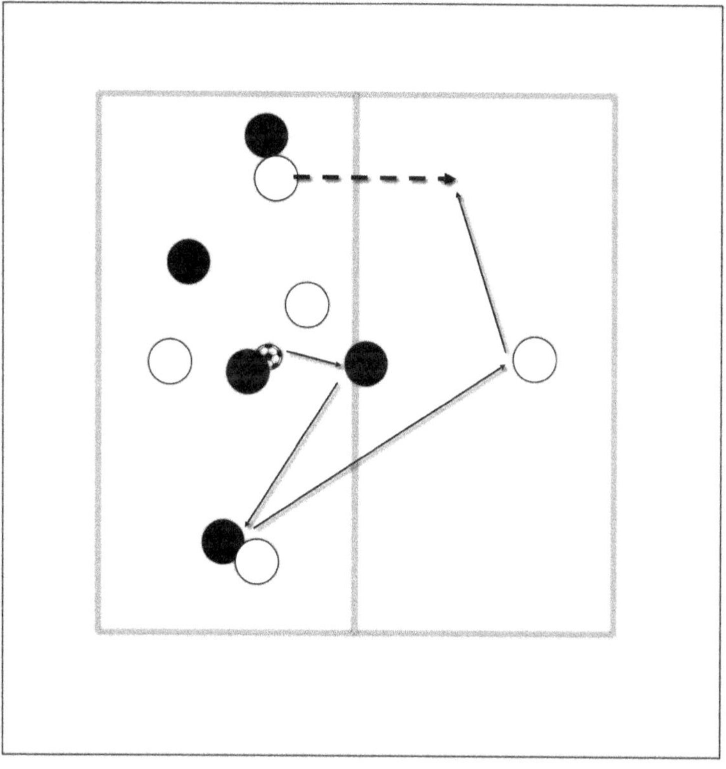

Tarea N° 92	**Objetivo Principal**	Mejora del concepto del tercer hombre
	Jugadores	14 (5x5+4)

Explicación

Jugarán 5 contra 5 en el interior del cuadrado y habrá 4 comodines exteriores que participarán con el equipo poseedor del balón, que cambiaran los rol con el jugador que les pase el balón (entrando a participar los comodín y colocarse como apoyo el jugador que le pasó el balón). Cuando un equipo recupera el balón, los comodines vuelven a su posición inicial.

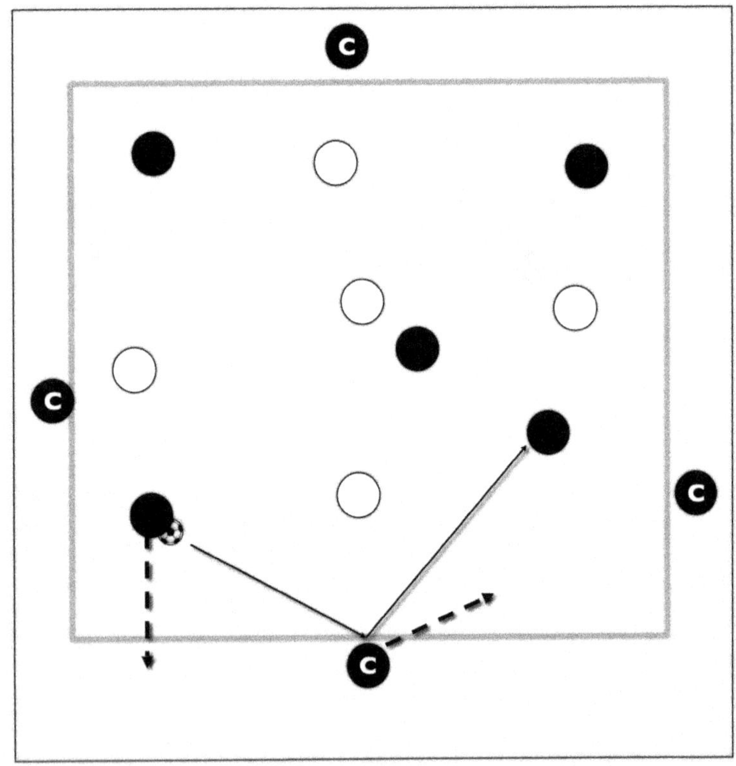

Tarea N° 93	Objetivo Principal	Mejora del concepto del tercer hombre
	Jugadores	10 (3+1+3x3)

Explicación

En un rectángulo dividido en dos cuadrados, el comodín se sitúa en el centro y los tres equipos como en la imagen. Se juega 4 contra 3 en un cuadrado, los jugadores que tienen el balón solo podrán entrar en el cuadrado cuando el comodín juegue con ellos e intenten cambiar al otro cuadrado. Cuando el balón pasa al otro cuadrado, los que roban pasan al mismo. El equipo que recupera, asume el rol del que perdió el balón.

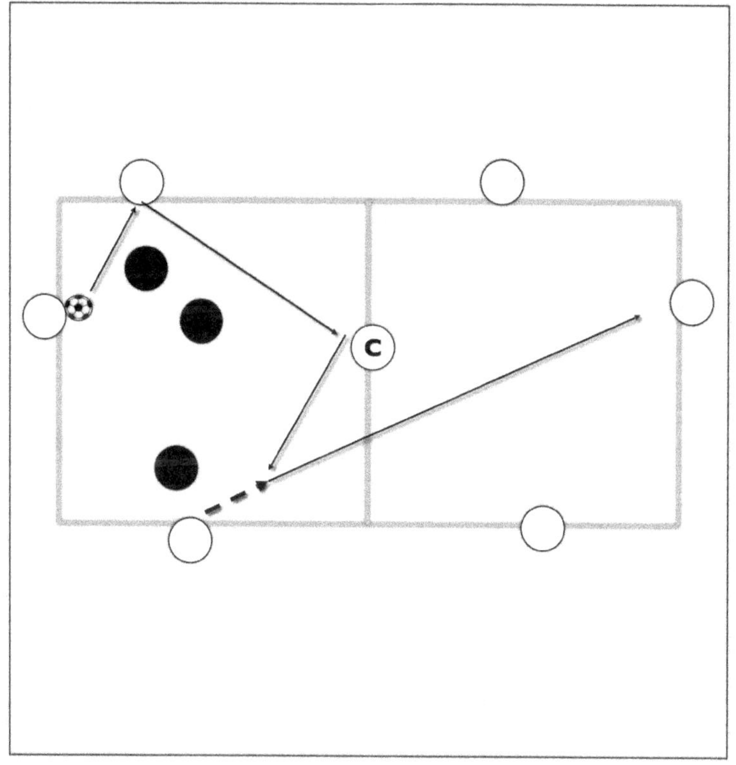

Tarea N° 94	Objetivo Principal	Mejora del concepto del tercer hombre
	Jugadores	17 (8x8+C)

Explicación

En un rectángulo dividido en dos cuadrados, con un pasillo central, el comodín se sitúa en el pasillo y los equipos se reparten cuatro contra cuatro en cada cuadrado, apoyados por el comodín cuando tienen la posesión de balón como en la imagen. El comodín no podrá cambiar el balón de cuadrado.

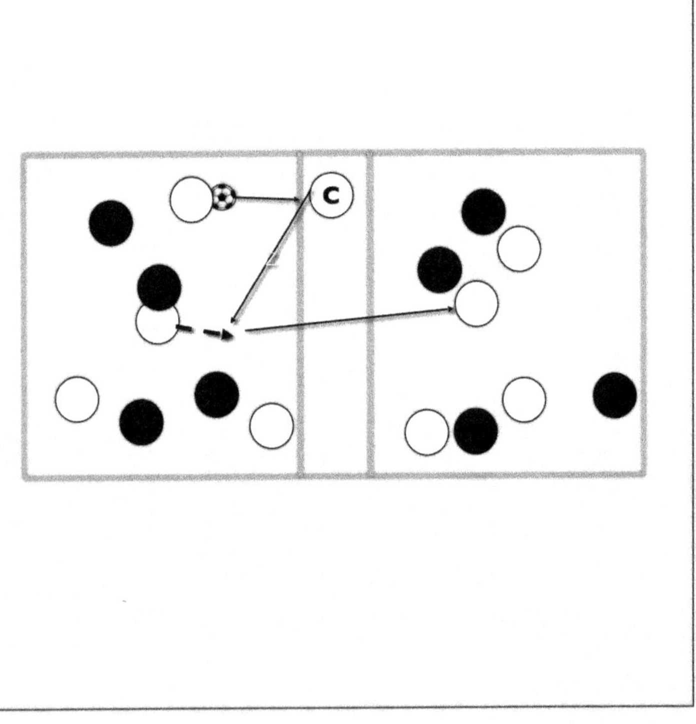

Tarea N° 95	Objetivo Principal	Mejora del concepto del tercer hombre
	Jugadores	18

Explicación

En un rectángulo dividido en 8 partes iguales distribuidos los jugadores como en la imagen (2 en cada cuadrado, uno de cada equipo) y los comodines sobre las líneas). Cada equipo tendrá que mantener la posesión de balón no pudiendo pasar al jugador del que recibió y apoyándose en los comodines que tendrán libertad de movimientos.

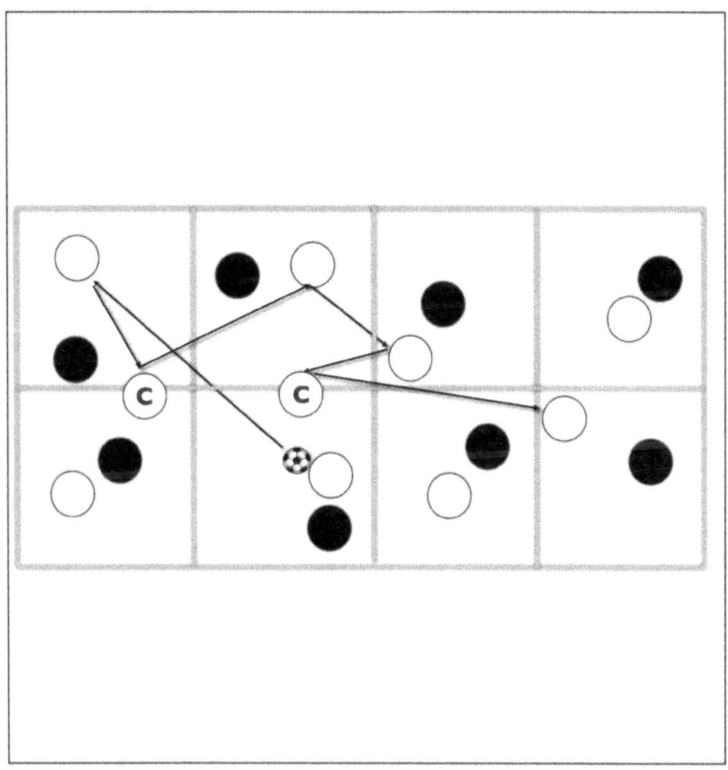

Tarea N° 96	Objetivo Principal	Mejora del concepto del tercer hombre
	Jugadores	10 (4x4+1+P)

Explicación

En un rectángulo con un pasillo cercano a la portería, se colocan dos equipos. Un equipo intentará jugar con el comodín y el otro intentará robar para ser ellos los que jueguen con el comodín, que dejará de cara a otro jugador del equipo (distinto al que le pasó el balón) que le pase el balón para que tire a portería.

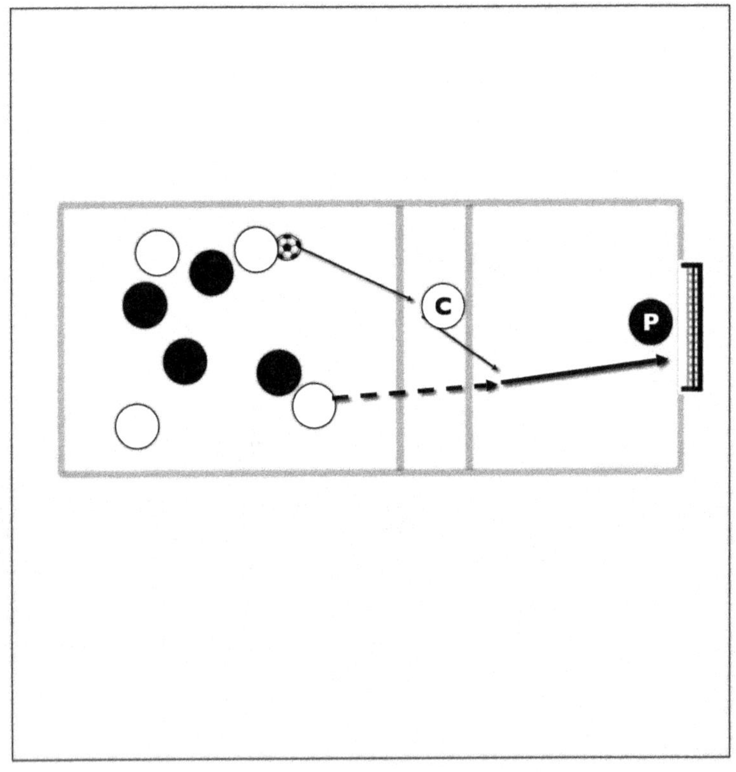

Tarea N° 97	Objetivo Principal	Mejora del concepto del tercer hombre
	Jugadores	9 (4x4+1)+P

Explicación

En un campo (rectángulo) los comodines se sitúan uno en cada banda por fuera. Se juega 5 contra 5 y cuando un jugador pasa al comodín cambian la posición con el jugador que le pasó el balón (no pudiendo jugar con el). Cuando un equipo pierde el balón, los comodines ocupan su posición inicial para pasar a jugar para el equipo poseedor del balón.

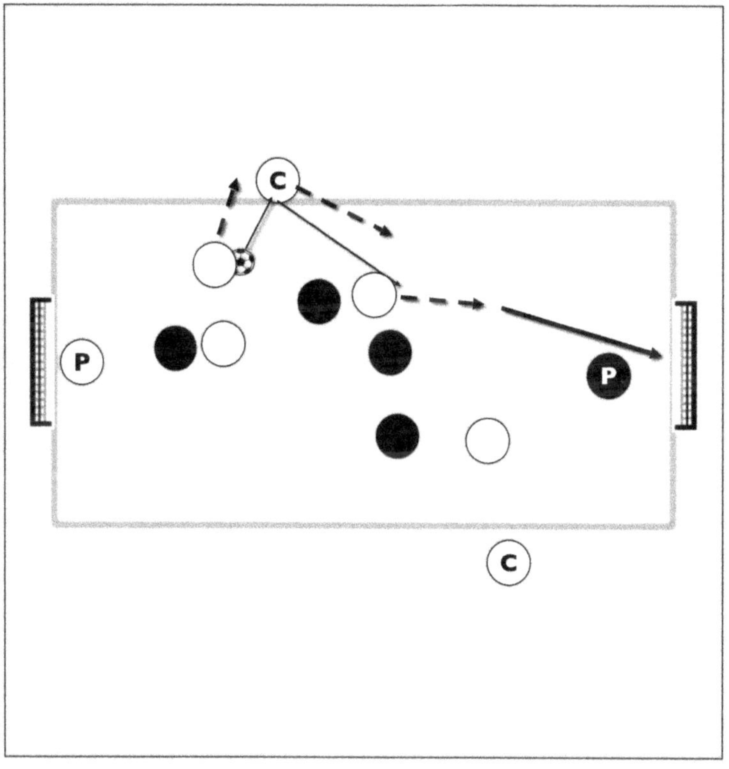

Tarea N° 98	Objetivo Principal	Mejora del concepto del tercer hombre
	Jugadores	17 (5x4+P+1x4+P+1)

Explicación

En un campo (rectángulo), 5 jugadores (equipo negro) atacan a la portería que defienden 4 (equipo blanco) y un portero. Cuando recuperan, pasan al compañero que estaba fuera, pone de cara a un compañero y atacan sobre la portería que defienden 4 jugadores del tercer equipo y el portero, que cuando recuperan hacen lo mismo que hizo el equipo blanco cuando recuperó para atacar sobre 4 jugadores del equipo negro. Así se van sucediendo las oleadas de ataques.

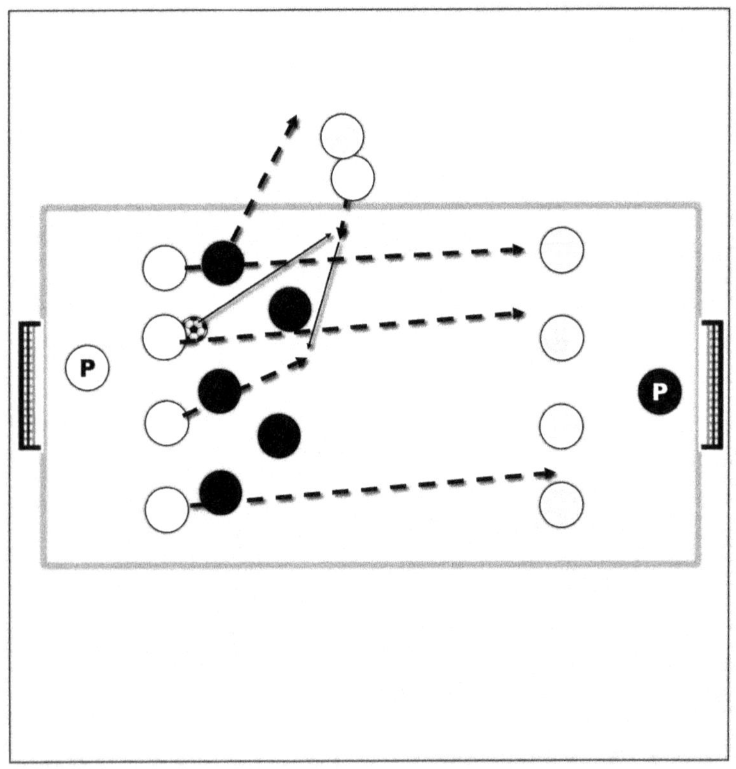

Tarea N° 99	Objetivo Principal	Mejora del concepto del tercer hombre
	Jugadores	14 (6+Px6+P)

Explicación

En un cuadrado dividido en dos partes con dos porterías y porteros. Los jugadores podrán pasar a la otra mitad para atacar (cuando tenga el balón su equipo). Para defender no podrán abandonarla. No se pudiendo pasar a la otra mitad en conducción.

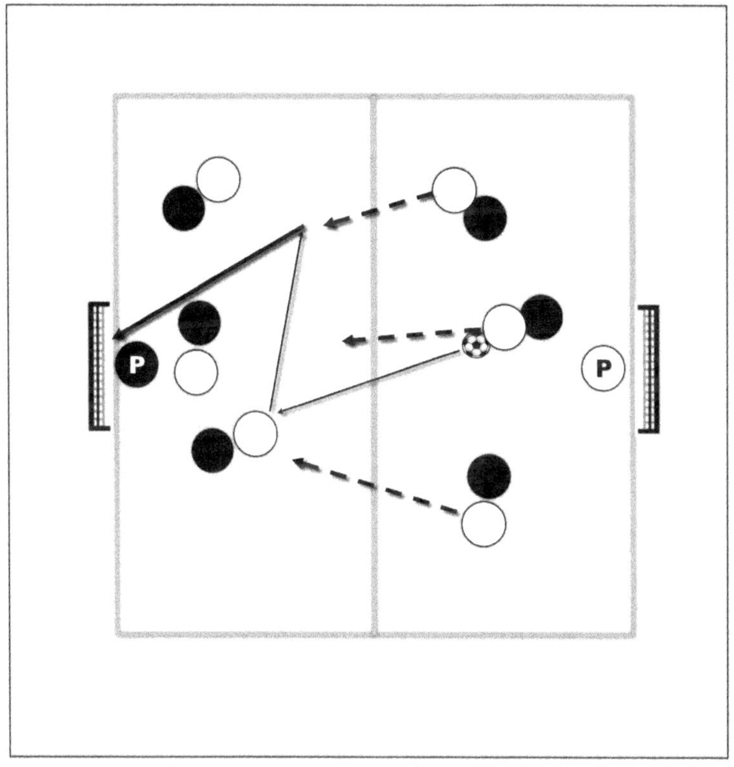

Tarea N° 100	Objetivo Principal	Mejora del concepto del tercer hombre
	Jugadores	18 (6+2+Px6+2+P)

Explicación

En un hexágono se juega 6 contra 6 con dos jugadores por fuera cada equipo y con porteros. Cuando un jugador pasa a uno de los 2 que está fuera, cambian la posición entre ellos (no pudiendo devolvérsela).

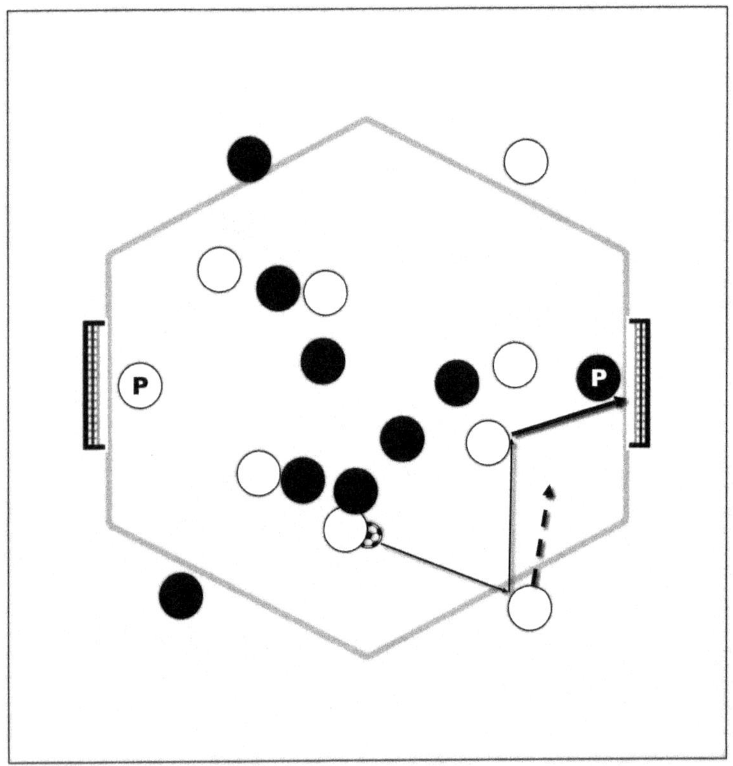

Tarea N° 101	Objetivo Principal	Mejora del concepto del tercer hombre
	Jugadores	22 (10+Px10+P)

Explicación

Partido con con dos cuadrados que solo podrán ser ocupados por jugadores del equipo poseedor del balón, pero no de forma simultánea (sólo de uno en uno) y nunca pueden entrar con el balón en conducción.

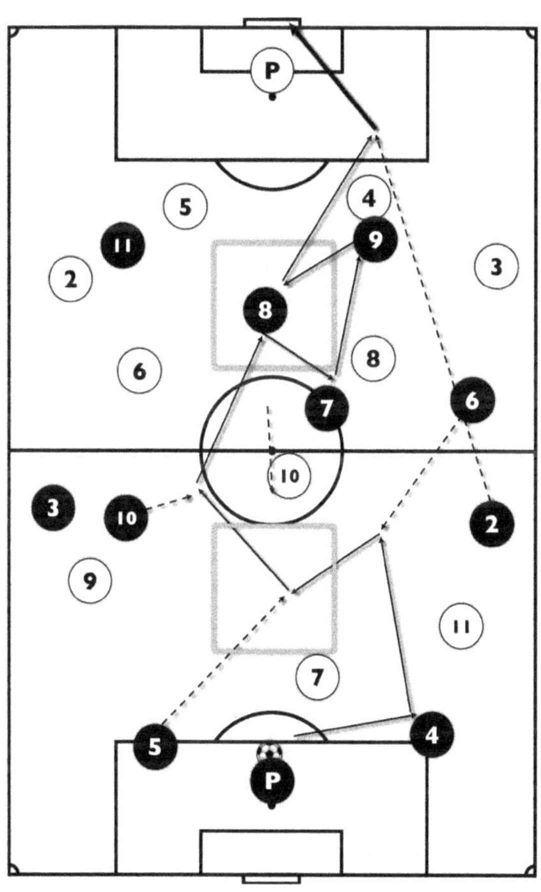

BIBLIOGRAFÍA

- Bangsbo, J. y Peitersen, B. (2002): *Fútbol: Jugar en defensa.* Editorial Paidotribo. Barcelona.
- Bermúdez, Jorge A. (2020): *Lillo y Pep: Convicciones Sobre la Cultura del Juego. Librofutbol.com.*
- Caneda, R. (1999): *La zona en Fútbol.* Editorial Wanceulen. Sevilla.
- Cano Moreno, Óscar (2010): *Fútbol: Entrenamiento global basado en la interpretación del juego.* Editorial Wanceulen.
- Cano Moreno, Óscar (2012): *El juego de posición del FC Barcelona.* MC Sport.
- Cano Moreno, Óscar (2012): *El modelo de juego del FC Barcelona.* MC Sport.
- Castellano, J y Casamichana, D. (2016): *El arte de planificar en fútbol.* Editorial Fútbol de Libro.
- Castellano, Julen y Casamichana, David (2016): *El arte de planificar en fútbol,* Editorial Fútbol de libro.
- Castellano, Julen; Casamichana, David y San Román, Jaime (2015): *Los juegos reducidos en el entrenamiento del fútbol.* Editorial Futbol de libro.
- Castelo, J. (1999): *Fútbol. Estructura y dinámica del juego.* Editorial INDE. Barcelona.
- Conde, M. (2000): *Contraataque.* Instituto Monsa de Ediciones.
- Couto, A. (2015): *Las grandes escuelas del Fútbol Moderno.* Editorial Fútbol de libro.
- Di Bernardo, Marcus (2014): *La Ciencia del Rondo: "Progresiones, Variaciones y Transiciones".* Create Space Independent Publishing Platform.
- Fradua, Luis (1997): *La visión periférica del futbolista.* Editorial Paidotribo.
- García Ocaña, Francisco (2008): *Fútbol y Fútbol sala: 250 actividades sociomotrices.* Editorial Paidotribo. Barcelona.
- Garganta, J. y Pinto, J. en Graça, A. y Oliveira, J. (1997): *La enseñanza de los juegos Deportivos.* Editorial Paidotribo.
- González, Alberto (2013): *Fútbol. Dinámica del juego desde la perspectiva de las transiciones.* Editorial Learning 11.

- Guass, Fran (2017): *El modelo de juego del FC Barcelona: Claves del éxito del Club Blaugrana.* Autoedición.
- Juan Sánchez, D. (2016): *La Periodización Táctica en Fútbol Base y Aficionado: Aplicación práctica para categoría infantil, cadete, juvenil o aficionado.* Autoedición.
- López López, Javier (2008): *Fútbol: Alevines: 120 fichas de sesiones de entrenamiento.* Editorial Wanceulen. Sevilla.
- López López, Javier (2008): *Fútbol: Cadetes: 160 fichas de sesiones de entrenamiento.* Editorial Wanceulen. Sevilla.
- López López, Javier (2009): *400 tareas integradas para el entrenamiento de la táctica ofensiva.* Editorial Wanceulen.
- López López, Javier (2009): *500 juegos para el entrenamiento físico con balón.* Editorial Wanceulen.
- López López, Javier (2009): *Fundamentos tácticos defensivos.* Editorial Wanceulen.
- López López, Javier (2009): *Fundamentos tácticos ofensivos.* Editorial Wanceulen.
- López López, Javier (2009): Fútbol: *1380 Juegos globales para el aprendizaje y perfeccionamiento de la técnica ofensiva y defensiva.* Editorial Wanceulen. Sevilla.
- López López, Javier (2009): *Fútbol: Prebenjamines: 80 fichas de sesiones de entrenamiento.* Editorial Wanceulen. Sevilla.
- López López, Javier (2013): *Fútbol: Benjamines: 80 fichas de sesiones de entrenamiento.* Editorial Wanceulen. Sevilla.
- López López, Javier (2013): *Fútbol: Infantiles: 120 fichas de sesiones de entrenamiento.* Editorial Wanceulen. Sevilla.
- López López, Javier (2013): *Fútbol: Juveniles: 160 fichas de sesiones de entrenamiento.* Editorial Wanceulen. Sevilla.
- López López, Javier (2013): *Fútbol: Senior (2013): 175 fichas de sesiones de entrenamiento.* Editorial Wanceulen. Sevilla.
- López López, Javier; Wanceulen Moreno, Antonio; Wanceulen Moreno, José F. y Bernal Ruiz, Javier (2009): *225 juegos para el entrenamiento integrado del pase en el fútbol.* Editorial Wanceulen.
- Manna, Matias (2012): *Paradigma Guardiola.* Editorial Now Books.
- Mayer, R. (1996): *Fichas de fútbol. 120 juegos de ataque y defensa.* Hispano Europea. Barcelona.
- Perarnau, Martí (2013): *Pep Confidential.* Editorial Arena Books.
- Perarnau, Martí (2014): *Herr Pep.* Editorial Corner.

- Perarnau, Martí (2016): *Pep Guardiola. La metamorfosis.* Editorial Córner.
- Portugal, M. A. (2018): *El entrenamiento en Fútbol. Rondos y mantenimientos.* Editorial Lisma.
- Seirul´lo, F. (1999): *Criterios modernos del entrenamiento en el fútbol.* Revista Training Fútbol. Valladolid.
- Tamarit, X. (2007): *¿Qué es la periodización Táctica?* Editorial M.C. Sports.

www.ingramcontent.com/pod-product-compliance
Lightning Source LLC
LaVergne TN
LVHW010633200726